U0086024

冰鑑

識人術第一奇書

曾國藩教你，從身體語言
看對方不爲人知的一面

比面相學更準確的識人術

原典 曾國藩
譯解 盛琳

《冰鑑》曾絕跡幾十年，近年被整理問市，受到讀者青睞。
本書集中國歷代識人學之大成，是中國古代相術流派中「書房派」的代表作。它和江湖上流傳的相書不同之處就在於重神而兼形，特別強調人的精神和氣質。

曾國藩說：
重神而兼形，
但凡用人，必先看其相。

前言：從身體語言看透對方，不為人知的一面

據說曾國藩，但凡用人，必先看其相。當今社會，人際往來互動頻繁，要在短時間內，從一個人的身形、言談、舉止，去評斷一個人方法有很多種。但是，無論是從面相學、心理學的各種角度，都不是普通人容易學得會的。

在講求效率的年代裡，只要掌握《冰鑑》七項要訣，即可識人用人。蔣介石過去在安排重要人事時，**就是用曾國藩的識人術來觀察其相貌顏色，以決定用否**。其子，蔣緯國在擔任三軍大學校長期間，將該書指定為學生的重要參考書。一個人最大的本事是能用人，用人首先要識人。由此，可證《冰鑑》，乃立身處世、縱橫職場的不二法門。

透過「眼神」辨人心，一個人最容易被他人看穿的也是眼神，在心理學中講的心靈透視，就是從眼神裡探究出一個人的心性、成就高低等。

在日常生活中，若能經常對他人表示關懷，付出愛心，以善意對人或事，在長期的培養之下，自然就會流露出關愛的眼神。如果一天到晚存心算計他人，嫉妒怨恨，眼神

必會常露凶光，令人害怕。眼神是人的行為語言最富個性特徵的表現，因此**透過眼睛可以準確把握人的精神世界**。

《冰鑑》和江湖上流傳的相書不同之處就在於重神而兼形，特別強調人的精神和氣質。**除了能讓你懂得觀人術之外，同時更可用來改善自我形象**——如應對進退時的眼神、態度、聲音、儀態⋯⋯等等，應該如何做那些改善？本書乃是個人形象改造最佳工具書。

目錄

第七卷　以氣觀志，以色觀人——氣色鑑

一個人最大的本事是能用人，用人首先要識人。透過「眼神」辨人心，一個人最容易被他人看穿的也是眼神，在心理學中講的心靈透視，就是從眼神裡探究出一個人的心性、成就高低等。

第一卷

以形觀骨，以骨觀德——神骨鑑

考察人的精神

語云：「脫穀為糠，其髓斯存。」神之謂也。「山騫不崩，惟石為鎮。」骨之謂也。一身精神，具乎兩目；一身骨相，具乎面部。他家兼論形骸，文人先觀神骨。開門見山，此為第一。

文人論神，有清濁之辨。清濁易辨，邪正難辨。欲辨邪正，先觀動靜；靜若含珠，動若木發；靜若無人，動若赴的，此為澄清到底。靜若螢光，動若流水，尖巧而喜淫；靜若半睡，動若鹿駭，別才而深思。一為敗器，一為隱流，均之托跡於清，不可不辨。

俗話說：「去掉稻穀的外殼，就是沒有精髓的穀糠，但稻穀的精華——米，仍然存在著，不因外殼磨損而丟失。」這個精華，就是人內在的精神狀態。

俗話又說：「山嶽表面的泥土雖然經常脫落流失，但山嶽卻不會倒塌破碎，因為它的主體部分是硬如鋼鐵的岩石，不會被風吹雨打去。」這裡所說的「鎮石」，相當於支撐人身體架構的堅硬部分——骨骼。

一個人的「神」，主要集中在兩隻眼睛裡，一個人的骨骼豐俊與否，主要表現在一張面孔上。像工、農、兵、商等類人士，既要考察他們的精神狀態，也要考察他們的體勢情態；讀書人則主要考察他們的「神」和「骨」。

神和骨就像兩扇大門，命運就像巍巍立於門外的大山。考察「神」、「骨」，猶如打開兩扇大門，山勢的起伏昂藏自然盡收眼底。兩扇大門——「神」和「骨」，是從外表考察人物的第一要訣。

古之醫家、文人、養生者在研究、觀察人的「神」時，一般都把「神」分為清純與昏濁兩種類型。

「神」的清純與昏濁是比較容易區別的，但因為清純又有奸邪與忠直之分，這奸邪與忠直則不容易分辨。**要考察一個人是奸邪還是忠直，應先看他處於動靜兩種狀態下的表現**。眼睛處於靜態之時，目光安詳沉穩而又有光澤，真情深蘊，宛如兩顆晶亮的明珠，含而不露；處於動態之時，眼中精光閃爍，敏銳犀利，就如春木抽出的新芽。**雙眼**

處於靜態之時，目光清明沉穩，旁若無人。處於動態之時，目光暗藏殺機，鋒芒外露，宛如瞄準目標，一發中的。

以上兩種神情，澄明清澈，屬於純正的神情。兩眼處於靜態的時候，目光有如螢火蟲之光，微弱而閃爍不定；處於動態的時候，目光有如流動之水，雖然澄清卻遊移不定。

以上兩種目光，一是善於偽飾的神情，一是奸心內萌的神情。兩眼處於靜態的時候，目光似睡非睡，似醒非醒；處於動態的時候，目光總是像驚鹿一樣惶惶不安。以上兩種目光，一則是有智有能而不循正道的神情，一則是深謀圖巧又怕別人窺見他內心的神情。具有前兩種神情者多是有瑕疵之輩，具有後兩種神情者則是合而不發之人，都屬於奸邪神情。可是它們卻混雜在清純的神情之中，這是觀神時必須仔細加以辨別的。

曾國藩說的「神」並非日常所言的「精神」一詞，它的內涵較「精神」廣闊得多，它是由人的意志、學識、個性、修養、氣質、體能、才幹、地位、社會閱歷等多種因素構成的綜合物，是人的內在精神狀態。

俗話說，人逢喜事精神爽，而這裡所論的「神」，不會因人一時的喜怒哀樂而發生巨大的變化，貌有美醜，膚色有黑白，但這些都不會影響「神」的外觀，換句話說，**「神」有一種穿透力，能越過人貌的干擾而表現出來。**

比如人們常說「某某有藝術家的氣質」，這種氣質，不會因他的髮型、衣著等外貌的改變而完全消失。氣質，是「神」的構成之一。從這裡也可看出，「神」與日常所言的「精神」並不一樣。

「神」並不能脫離具體的物質東西而空空地存在，它肯定有所依附，這就是說「神」為「形」之表，「形」為「神」之依，「神」是蘊含在「形」之中的。

在內為骨，外現為神

為了具體地說明「神」和「骨」，曾國藩用了兩個比喻，以便讀者能充分地理解「神」和「骨」的奧妙。

稻穀的精華是米，米蘊藏在殼內，碾殼成糠，皮去掉了，精華猶在，也才有用。**半邊隨糠去，因而「神」也不會因「形」（相貌等）而有所消失。「神」與「形」，猶如**「米」與「糠」。所以說「脫穀為糠，其髓斯存」。

「骨」外面有皮有肉，如高山之上有土有沙。骨骼是人體框架的根本支柱。骨之於人體，猶如山石與泥土。泥土脫落流失，但山石巋然屹立，仍足以見其雄壯；人體相貌即使有什麼損傷缺陷，但骨之豐俊神韻不會變化，仍足以判斷人的顯達。所以說「山騫不崩，唯石為鎮」。

人們常用「雙目炯炯有神」來描述一個人的精力旺盛、機敏幹練。從這兒就會發現「目」與「神」之間千絲萬縷的關係。按中醫理論，眼睛與肝和腎是相通相連的。一個人的肝有病變，從眼睛是可以看到一些徵兆。如果一個人雙目有神、精光暴露，熠熠生輝，表明腎氣旺盛，身體狀況良好，是健康的標誌；反之，精神狀態不佳，缺乏活力，難以集中精神工作。

眼睛被稱為「心靈的窗戶」，與人的感情、內心活動等都有聯繫。血氣運行為精，因此透過眼睛可以準確把握人的精神世界。**人的喜、怒、哀、樂、愛、惡、欲、痛等各種感受欲望，都會從眼睛中流露出來。**甚至人的智愚忠奸、賢不肖明濁，都能透過眼睛看出一點名堂來。

因此，眼睛是觀察一個人各種屬性能力品質的指明星。「一身精神，具乎兩目」，就是《冰鑑》對上述思想的一種綱領性總結。

《冰鑑》進一步總結道：「一身骨相，具乎面部。」因為人的體能相貌，是由骨、肉內外連結而成的，骨與骨的連絡，肉與肉的板結，骨與肉的內外包合，統一構成了人的外在形貌。由於骨具有框架和支撐作用，因而骨骼的優劣，成為人的體貌美醜的首要因素。人腦是人的中樞神經，是人的指揮系統，頭部骨骼的優劣，又成為整體骨骼優劣的「首長」。

傳統醫學認為，頭為群陽會集之府，五行正宗之鄉，頭骨為整體骨骼的代表，面骨又是頭骨的代表，因而面骨之優劣能鑑頭骨之優劣，進而可鑑全身骨骼之優劣。正出於這個理論，《冰鑑》有云：「一身骨相，具乎面部。」

《冰鑑》作者曾國藩，是清後期著名的軍事家和學者，史稱「學問純粹，器識宏深」。因曾國藩對讀書人的極度推崇，特意將「文人」與其他人員，如工、農、兵、商區別開來，明確提出「他家兼論形骸，文人先觀神骨」。

文化人，更恰當的說法，指儒士，有豐富的內心世界，勤學習，愛思考，比他人智邃、細膩、敏銳，也更複雜、神秘、詭奇，這樣就有寒酸、邋遢、文皺等多種變化不定的複雜表象，思想行為上也深受儒、道、佛等多種文化的深刻影響。對於他們，「神」就顯得特別重要。

至於文化人的「骨」與常人有多大的區別，是一個可意會而不可言傳的概念，因此，「骨」與「神」相比，就有莫測高深的神秘感。「骨」的神俊豐逸與「神」有分不開的關係，而且古代文化人的輕視體力勞動、遠離體力勞動，骨骼得到鍛鍊的機會不多，與其他人相比，文人的「骨」多多少少有一點作者沒有明白講述的區別，因而《冰鑑》以為，文人重視外在的「神」、內藏的「骨」。

觀人的「神」「骨」，猶如門外的大山，門既打開，山勢自然可見。山勢既幽深，必有來龍去脈，既雄偉，必有深根厚基，自此喻人之命運，其優劣高下，不言自明。

透過「眼神」辨人心

眼神是人的行為語言最富個性特徵的表現，人們總是把眼睛比喻為「心靈的窗戶」。

孟子曾有過對眼睛的論述，他說：「胸中正則眸子明焉，胸中不正則眸子暗焉。眸子不能掩其惡也，善惡在目中偏。善者正視，眼清、睛定；惡則斜視，不定、神濁。」因此，古人把眼睛稱為「監察官」。

在電影藝術中，一些製作用心的電影加上演員的精湛演技，不用刻意化妝，一個人的好壞善惡從眼神中就表露無遺。

一些恐怖片中，若劇中人物心性邪惡，從眼神中也感覺得出來。所以要想演員的演技形象逼真，就必須透過眼神表現出其扮演角色的意念與行為。

同樣的，在日常生活中，若能經常對他人表示關懷，付出愛心，以善意對人或事，在長期的培養之下，自然就會流露出關愛的眼神。如果一天到晚存心算計他人，嫉妒怨恨，眼神必會常露凶光，令人害怕。

一個人最容易被他人看穿的也是眼神，在心理學中講的心靈透視，就是從眼神裡探究出一個人的心性、成就高低等。

如果一個人的眼睛長得細長，黑白分明，看上去很深邃，有光彩，即所謂「黑光如漆，照曄明朗，瞳子端定，光彩射人」，則反映出這個人比較聰明、有智慧，因為眼睛透出了一股靈氣；反之，如果一個人兩眼淺短，眼神渾濁呆滯，表明其人無才華，反應比較愚鈍。眼球轉動較快的人反應較快，反之則慢。

眼睛最忌「四露」，即露光、露神、露威、露煞。眼神是透視人的品格、個性以及聰明才智特別重要的部分。例如從大商家或高層政治人物的眼神中可以看到自信、肯定及權威，他們的眼神與普通人的眼神一定有所差異。

考察小心者與大膽者

凡精神，抖擻處易見，斷續處難見。斷者出處斷，續者閉處續。道家所謂「收拾入門」之說，不了處看其脫略，做了處看其針線。小心者，從其做不了處看之，疏節闊目，若不經意，所謂脫略也。大膽者，從其做了處看之，慎重周密，無有苟且，所謂針線也。兩者實看向內處，稍移外便落情態矣，情態易見。

一般來說，觀察識別人的精神狀態，那種只是在那裡故作振作者，是比較容易識別的，而那種看起來似乎是在那裡故作抖擻，又可能是真的精神振作，則就比較難於識別了。精神不足，即便它是故作振作並表現於外，但不足的特徵是掩蓋不了的。而精神有餘，則是由於它是自然流露並蘊含於內。道家有所謂「收拾入門」之說，用於觀「神」，要領是：尚未「收拾入門」，要著重看人的輕慢不拘，已經「收拾入門」，要著重看人的精細周密。對於小心謹慎的人，要從尚未「收拾入門」的時候去看他，這樣就可以發現，他愈是小心謹慎，他的舉動就愈是不精細，欠周密，總好像漫不經心，這種精神狀態，就是所謂的輕慢不拘；對於率直豪放的人，要從已經「收拾入門」的時候去看他，這樣就可以發現，他愈是率直豪放，他的舉動就愈是慎重周密，做什麼都一絲不苟，這種精神狀態，實際上都存在於內心世界，但是它們只要稍微向外一流露，立刻就會變為情態，而情態則是比較容易看到的。

人的精神從其外顯而言，可以分為兩種，一為自然流露，一為勉強振作。所謂自然流露，是指有所見或有所感而發，完全出自內心的自然本真，顯示出的情態舉止自然而然、情真意切，毫無故意造作之態，矯揉之象。所謂勉強振作，則與自然流露相反。

有豐富人生經驗的人，能比較容易地看出他人是情真意切，還是故意造作。儘管人的情感和精神狀態有不同的表現，可能會給辨別「神」的真假帶來干擾，但綜合人的各種言語行止表現，完全可以察看「神」之真假的。

當初，項羽初次見到威猛雄武、一統中原的秦始皇時，大聲嘆曰：「彼可取而代之。」從這兒可以發現項羽的真性情，真個性——樸直率露而又有大膽或「莽撞」。而劉邦見到秦始皇時，則說：「大丈夫該當如此。」兩人的話語神情不一樣，但從中卻能真實地表明他們的內心活動和個性，劉邦與項羽相比，就要含蓄婉轉得多。

社交中觀人、識人，實際上就是一個由外向內、順藤摸瓜、循流探源的過程。在觀察人的精神狀態時也是這樣，即由外在的情態舉止，去察探其隱伏在內的精神氣質，窺視到他的心靈深處真實的活動。這一過程雖然似乎有一種無徵無兆、無聲無息、無色無味、無形無狀的神秘性，但還是有理可循的，不是空穴來風，無基之樓。

自然流露是真

人的精神外顯，如上所述，有自然流露和勉強抖擻之別。凡屬自然者，出於真誠，無意作態，因此氣終不絕，流露持久，其「神」自然有餘，所以稱為「續」。而勉強者，故意造作，缺乏真誠，因此底氣不足，抖擻短暫，其「神」自然不足，所以稱為「斷」。

「**凡精神，抖擻處易見，斷續處難見**」，抖擻處易見，就是故意抖擻。斷處，精神振作起來，但後繼乏力，神不充足，因而不能持久，振作起來的精神一下子懈了氣，但重新振作又不能立刻補充。續處，精神狀態自然流露，因源淵充厚，後繼有力，能夠持久，是神充沛有餘的表現。

「斷者出處斷，續者閉處續」。斷者，可以理解為神不足，神不足會因後繼乏力而暫時中斷；續者就相當於神有餘，不會因後繼無力而中斷。這猶如黃河斷流一樣，雨季時，黃河之水天上來，滾滾東去；枯水季節時，中下游則乾涸如死河。又像滴水，積蓄一會兒再滴。神不足，中斷的地方恰是它重新振作之處；神有餘，接續不斷的地方正是看似要關閉之處。這是判斷神有餘與神不足的根基處。

收拾入門「道家所謂『收拾入門』之說」。「收拾入門」四個字在老子《道德經》中是沒有的，疑為道家後來發展出的新辭彙，是修身養氣的一種方法，與「收視反聽」有異曲同工之妙。從辭彙源流上看，元代王實甫的《西廂記》中有一句話：「畢罷了牽掛，收拾了憂愁。」收拾的含義是解脫。為便於上下文的連貫，可理解為：考察人物的**心性才能，要待他把事做定之後再下結論，不可只持初端就做判斷**。

不了處、做了處「不了處看其脫略」。不了處，指事情尚在進行中，還沒有完成。脫略，灑脫、漫不經心的樣子。全句意思是，**在事情還沒有完成之前，應看他應對的態**

度，是瀟灑自如，還是胸有成竹。如果在進行中就能信心十足地把握住未來的發展方向，那即使有困難、有壓力，但心中分寸已經安定，會有揮灑自如的外在表現和樂觀的信心，以這種心態來引導事業，其前景是可以期望的；反之，則使人提心吊膽、惴惴不安了。

「做了處看其針線」。針線，古代指女紅，從婦女們的針線活做得粗糙還是精細，能判斷善不善於持家，這兒是指做事的方法是否有計劃性。事情尚未完成時，考察他的心態；事情完成了，既要看結果，又要看所運用的方法和手段。如果只以成敗論英雄，必然會錯失未顯達時的管仲、張良（管仲在未佐齊桓公時，什麼都不成功；張良未遇劉邦時，刺殺秦始皇也不成功）。事情的成功會受到許多偶然因素的干擾，運氣好時，瞎貓也能撞上死耗子。運氣不好則不然。如果仔細考察做事的方法和手段，即使他這次未成功，但可以知道他的特點，是膽大心細？是計畫周密？還是憑偶然性完成了這項任務？計畫周密、膽大心細的人，即便這次不成功，下次也會成功。有的人才能很高，只因為時機不成熟，才能一直得不到發揮。如果只以成敗論英雄，錯過「時機未到」的人才可就不少。

「小心者，從其做不了處看之」。人有大膽堂堂的，也有小心翼翼的。對許多人來講，他們看不起小心謹慎的人。但小心之人是否就一無是處呢？絕對不是。小心翼翼，固然讓人生氣，但至少不會造成損失。一分一分的積累，才有泰山之高，江海之廣。大膽冒進者，雖有氣概，也很勇敢，但稍一疏忽，可能辛辛苦苦半年或半輩子的成就便一下子垮掉了。但過分小心，也著實讓人生氣。因此，對小心者的考察，應從他做不了的事情上來看。

「疏節闊目，若不經意，所謂脫略也」。小心的人，本應該是細心周到的人，這也應是他的優點。但如果他沒做成功的事，失敗原因恰好在於他考慮欠周全、計畫不精密，那就屬於才力不夠、心思欠佳、缺乏闖勁的人了。這種小心者，難以擔當重任，可做局部性輔助工作。

「大膽者，從其做了處看之」。大膽者，有勇氣，有魄力，也敢冒險，也敢放手一搏，不怕損失，缺點是易於輕率冒進，而造成大量不必要的損失。考察這類人才，就要從他們做了的事情中去察看。

「慎重周密，無有苟且，所謂針線也」。從大膽者做成功的事，可以發現他是一味魯莽而僥倖成功，還是靠膽大心細，計畫周密。一個大膽冒進的男子，如果還能做得一手精細漂亮的針線活，也算得上一絕，這種男子就必然不是「冒進」之人，而是膽大心細的優秀性格，這就是雙重性格的最佳拍檔、最佳組合。

「兩者實看向內處，稍移外便落情態矣，情態易見」。以上考察小心者和大膽者，表面是在看他們的行動和做事方法，實際上是由外向內在考察他們是神有餘還是神不足。神有餘的小心者，有足夠的精力來面對繁雜事務而充分發揮心思周密之長，如果神不足，則後繼乏力，難以善始善終了。大膽者，如果神有餘，除在一味勇猛之外，有足夠的心思和精力注意若干重要的細節問題，細心考察他人忽略的小問題，這是一步一步平穩取勝的最上策。許多的成功，要靠平穩安全的正道取勝，奇兵突起只能用於非常情況下，而且機率不大，百分之八、九十的機會還是要用正道手法。孫子講，以奇始，以正合，也是這個道理。奇才固然難得而且讓人驚異其傳奇色彩，但四平八穩、無驚無險而平易取勝的才是根本之道。大膽者如果神不足，表現出來就是魯莽有餘，心細不足，同樣不能擔當重任。這種人只會敗事，或是添麻煩，添亂子，應立即開除。因為小心者神不足，雖不足以創事功，也可能坐失良機，但守成還是可以的，而且不會添亂子。

以上兩者，如果稍稍向外流露一點，就是情態的範疇，情態清清楚楚地寫在臉上，一目了然，是比較容易辨別的。

從肢體語言中看透人心

每個人的舉手投足都反映了其心態和性格。所以，我們可以透過一個人的一舉一動透視其內心。

時常搖頭晃腦

平常生活中我們經常看到有些人或「搖頭」或「點頭」，以示自己對某件事情看法的肯定或否定，但如果你看到一個人經常搖頭晃腦的，那麼你或許會猜測他不是得了「搖頭病」就是得了神經病了。

我們撇開這種看法而從另一個角度來看，這種人其實特別自信，以至於經常唯我獨尊。他們也會請你幫他辦事情，但很多時候你做得再好他都不怎麼滿意，因為他有自己的一套，他只是想從你做事的過程中獲取某種啟發而已。

他們在社交場合很會表現自己，卻時常遭到別人的厭惡，對事業一往無前的精神倒是被很多人欣賞。

拍打頭部

拍打頭部這個動作多數時候的意義是在向你表示懊悔和自我譴責，他肯定沒把你上次交代的事情放在心上，如果你正在問他「我的事情你辦了沒有？」見他有這個動作的話，你就不用再問了。

倘若你的朋友中有人愛做這樣的動作，而他拍打的部位又是腦後部，那麼他這種人不太注重感情，而且對人苛刻，他選擇你作為他的朋友，很大程度上是因為你某個方面他可以利用。當然，他也有很多方面值得你去交往和認識，諸如對事業的執著和開拓等，尤其是他對新事物的學習精神，你不由得會打從心底真心佩服他。

時常拍打前額的人一般都是心直口快的人，他們為人坦率、真誠，富有同情心。在「耍心眼」方面你教都教不會他，因此如果你想從某人那兒瞭解什麼秘密的話，這種人是最佳人選。不過這並不是說他是一個不值得信賴的朋友；相反的，他很願意為別人幫忙，替別人著想。這種人如果對你有什麼得罪的話，請記住，他們不是有意的。

邊說邊笑

這種人與你交談時，你會覺得非常輕鬆和愉快，他們不管自己或別人的講話是否有那麼可笑，有時候對方連話都還沒講完他就笑起來了。他們也並非是不在意與別人的交談，只能說這種人「笑神經」特別發達。

這種人大都性格開朗，對生活要求不太苛刻，很懂得「知足常樂」，而且特別富有人情味，無論走在什麼地方，他們總是有極好的人緣，這對他們開拓自己的事業本來是極好的條件，可惜這類人大多喜愛平靜的生活，缺乏積極進取的精神，否則這個世界上很多東西都該屬於他們。

邊說話邊打手勢

這種人與人談話時，只要他們一動嘴，一定會有一個手部動作，攤雙手、擺動手、相互拍打掌心等，好像是對他們說話內容的強調。他們一般都很有主見，對事情有自己獨到的見解，不願聽從別人的意見或是即使聽了也不會採取。他們做事果斷、自信心強，習慣讓自己在任何場合都塑造成一個領導型人物，很有男子漢的氣概，性格大都屬於外向型。

這類人如果去演講，一定會極盡煽動人心之能事，他們良好的口才時常讓你不信也信。他們與異性在一起時表現尤其興奮，總是極欲向人表現出他「護花使者」的身分。這類人對朋友相當真誠，但他們不輕易把別人當做自己的知己。踏實肯幹的性格使他們的事業大都小有成就。

表裡不一

當你為某男士遞菸或其他食物時，他嘴裡說「不用」、「不要」，但手卻伸過來接了，顯得很客氣的樣子，這完全是假裝客氣。這種人處事圓滑、老練，不輕易得罪別人，哪怕他恨不得讓你早點死，但與你見面時依然會對你友好地微笑。所以，他們大多屬於交際中的世故之人。與其交往，要小心為妙，千萬不能只看表象，否則哪天你被他出賣了，有可能還在那傻乎乎地幫他數錢呢！這類人一般比較聰明，興趣廣泛，時常把愛情視為兒戲，但他們一旦愛上一個人，就很難擺脫掉感情的束縛。

交談時撩頭髮

如果與你面對面坐著或站著，這種人總要時不時地撩頭髮，好像是為了引起你對他們髮型的興趣。其實不然，因為這種人即使一個人獨自在家看電視，他也會每隔三、五分鐘「檢查」一下頭髮上是否黏了什麼不好的東西。可以說，他們這已經是習慣動作了，天性使然。他們大都性格鮮明，個性突出，愛恨分明，尤其嫉惡如仇。倘若公車上有小偷，而乘客都是這種人的話，那個小偷無疑會被當場打個半死。他們一般很善於思考，做事細緻，但大多數缺乏一種對家庭的責任感。

他們對生活的喜悅源自於追求事業的過程。這句話聽起來有點玄乎，不過仔細想來你就會明白，喜歡拚搏和冒險的人，他們是不在乎事情結局的。他們在某件事情失敗後總是說：「我問心無愧，因為我去做了。」

擠眉弄眼

這種人不管是在兩人世界也好，在大庭廣眾之下也好，他們都肆無忌憚地擠眉弄眼，有時候他們也並非是在調情或相互勾引。這種人確實太輕浮或缺乏內涵修養，在戀愛和婚姻上也總是喜新厭舊。雖然他不一定會跟「原配」離婚，甚至還可能對結髮妻子「相當好」，但那只不過是他的自尊心作祟而已。

這類人特別會處理人際關係，儘管他們十有八九都略顯偏激，但因為他們的處事大方，為其掩蓋了很多不是。在事業上他們由於善捕捉機會，而能深得領導的賞識。

如果你現在在你現職上「混得不怎麼好」，那麼向你推薦這種男人，可以向他好好學習一下，他們可以稱得上「拍馬屁」的「祖師爺」，他們出道以來，從沒聽說有誰「拍在馬腿」上的。

掰手指節

這種人習慣把自己的手指掰得咯咯地響，不管有人無人，有事還是無事。如果有人在心煩意亂時聽到這種響聲一定極不舒服，只想找到「肇事者」揍他一頓。

這類人通常精力旺盛，哪怕他得了重感冒，如果叫他去做一件他平常最喜愛的活動，他同樣會從床上爬起來。他們還很健談，喜歡鑽「牛角尖」，依仗自己思維邏輯性較強而經常把你的談話、文章說得一無是處，直至批得你體無完膚才甘休。

這是典型的多愁善感型，而且是出名的「情種」，只要是異性，他們極有可能只相處一、兩次就會愛上。

這類人對事業、工作環境很挑剔，如果是他喜歡做的，他會不計較任何代價而踏實努力地幫助你；相反的，如果是他所不喜歡的事，而你非要逼迫他做，他不當眾出你的醜，也一定會暗地裡甩你的「冷板凳」。

腿腳抖動

開會也好，與人交談也好，獨自坐在那兒工作，或是看電影，這類人總喜歡用腿或者腳尖使整個腿部顫動，有時候還用腳尖磕打腳尖或者以腳掌拍打地面，這種行為當然難登大雅之堂，但習慣者總是習以為常。

這種人最明顯的表現是自私，他幾乎從不考慮別人，凡事從利己主義出發，尤其是對妻子的占有欲特別強，經常會無緣無故製造一些「醋海風波」，在這個問題上說他們有「神經質」一點也不過分。他們對別人很吝嗇，對自己卻很知足，可以說他們有著和「守財奴」——歐也妮・葛朗台一樣「良好」的習慣。

不過這類人很善於思索，他們經常給周圍朋友提出一些意想不到而又發人深省的問題。

吐煙圈

這種人最明顯的特點是做事優柔寡斷。昨天約定好了今天要去某個地方旅遊，或者到ＫＴＶ唱歌，或者一起去逛街買東西，或者做別的什麼事，當你叫他走時，他往往會看似謹慎地說：「慢著，考慮一下」，其實什麼事也沒有。在愛情方面他們通常表現為「藕斷絲連」。從這點還可斷定，他「生來就不是做官的料」。

但是這種人接受能力強，反應快，在當今的社會，如果能全心投入策劃或創意方面的事業，肯定會大有作為，大出風頭。

對於他們來說，有時候，強烈的叛逆個性並不是壞事。

死死地盯住別人。

這種人不喜歡受約束，經常我行我素。同時，他們比較慷慨，因此他們周圍總是有一些相干或不相干的人。

喜歡走角落

十有八九，這種人屬於自卑型。他們參加各種會議或聚會，總是找最偏僻的角落坐下，不過要排除那種昨天通宵達旦，今天想找一個不易被人發現的角落打瞌睡的人。

喜歡走角落的人性格大都有怪異的一面，如果你說他無能，他絕對會做一件事給你看看；如果說他行，他反而表現得非常謙虛；大家都說某件事情不能做，他偏要去試試。這類人最不樂意接受的是讓他拜訪年輕女性的家，那樣的話，他要站在門前給自己鼓起足夠的勇氣後才敢上前敲門。

調動這種人工作積極性的唯一辦法就是表揚他們，讓他們感覺到自己還是有很多長處和優點。

通常，這類人口頭表達能力不強，儘管他們中很多人非常聰明。但書面表達也就是寫作能力都相當不錯，寫情書當然很在行。可惜他們的情書雖然寫得很多，卻大都壓在枕頭下了，不然又有好多女孩子會「倒楣」。

抹嘴、捏鼻子

這種動作略顯不雅觀，不過還沒到有傷大雅的地步。

習慣於抹嘴或捏鼻子的人，大都喜歡捉弄別人，卻又不會「敢作敢當」。他們的唯一愛好是「譁眾取寵」，眼見你氣得咬牙切齒，他們卻在那兒高興得手舞足蹈。從這方面來講，不妨認為他們有點「變態」。

這種人最終是被人支配的人。別人要他做什麼，他就可能做什麼。如果他們進百貨公司或者賣場，售貨員最喜歡的就是這種人。也許他根本什麼都不準備買，但只要有人說「先生，這件可以」，而他就會買下。因此，摸清了這種人的底細之後，不要對其委以重任，但是可以適當地利用他們。

透過骨色察相

骨有九起：天庭骨隆起，枕骨強起，頂骨平起，佐串骨角起，太陽骨線起，眉骨伏犀起，鼻骨芽起，顴骨若不得而起，項骨平伏起。在頭，以天庭骨、枕骨、太陽骨為主；在面，以後骨、顴骨為主。五者備，柱石之器也；一，則不窮；二，則不賤；三，則動履稍勝；四，則貴矣。

骨有色，面以青為貴，「少年公卿半青面」是也。紫次之，白斯下矣。骨有質，頭以聯者為貴，碎次之。總之，頭上無惡骨，面佳不如頭佳。然大而缺天庭，終是賤品；圓而無串骨，半是孤僧；鼻骨犯眉，堂上不壽。顴骨與眼爭，子嗣不立。此中貴賤，有毫釐千里之辨。

九貴骨各有各的姿勢：天庭骨豐隆飽滿；枕骨充實顯露；頂骨平正而突兀；佐串骨像角一樣斜斜而上，直入髮際；太陽骨直線上升；眉骨骨棱顯而不露，隱隱約約像犀角平伏在那裡；鼻骨狀如蘆筍竹芽，挺拔而起；顴骨有力有勢，又不陷不露；項骨平伏厚實，又約顯約露。看頭部的骨相，主要看天庭、枕骨、太陽骨這三處關鍵部位；看面部的骨相，則主要看眉骨、顴骨這兩處關鍵部位。如果以上五種骨相完美無缺，此人一定是國家的棟樑之材；如果只具備其中的一種，此人便終生不會貧窮；如果能具備其中的兩種，此人便終生不會卑賤；如果能具備其中的三種，此人只要有所作為，就會發達起來；如果能具備其中的四種，此人一定會顯貴。

骨骼有不同的顏色，面部的顏色呈現青色為貴相。俗語「少年公卿半青面」說的就是這個意思。**黃中隱紅的紫色比青色稍差一些，而如枯骨薄粉的白色則是最下等的顏色。**骨骼有一定的長勢，頭部的骨骼，以相互關聯，彼此貫通者為高貴，支離散亂的則略次一等，只要頭上沒有支離散亂的惡骨。比較而言，面部即使再好也不如頭好，但是如果頭大天庭骨卻不豐隆，最終是卑賤的品位，如果頭圓而佐串骨卻隱伏不見，多半要成為僧人，如果鼻骨沖犯兩眉，父母必定不會長壽，如果顴骨緊貼眼尾而顴峰淩眼，必無子孫後代。這裏的富貴與貧賤的差別，有如毫釐之短與千里之長，是非常大的。

一身骨相，具乎面部。《史記・高祖本紀第八》中記載：高祖這個人，高鼻子，長頸項，面貌有龍相，鬚髯特美，左大腿上有七十二顆黑痣。為人仁厚愛人，喜歡施與，意志豁達，胸襟開闊，常表現出大度寬宏，不肯從事家人生產農作各業。到了壯年，試作官吏，做泗水亭長。

高祖為亭長，對其公所中吏人，無不加以輕侮。高祖好酒好女色，常常向王媼、武負兩人的酒館賒酒。有時，高祖喝醉，臥不能起。武負、王媼常看見高祖身體上面有龍出現，甚以為怪異。高祖每次來買酒，便留在酒館中暢飲，兩人按酒價數倍計價。等兩人見高祖醉臥而有龍出現的怪事以後，到年底算賬時，這兩家酒館經常撕了帳單，不向高祖索債。

高祖常出差到秦都咸陽，當時恣意遊觀名勝，看到了秦皇帝的威儀盛勢，他感慨長嘆說：「啊！大丈夫應當像這個樣子！」

單父縣人呂公與沛縣令相友善。呂公為了避仇人，遷到沛縣來，隨沛縣令為客，因而在沛縣落戶。沛縣中豪傑吏人，聽說沛令有貴客來，都前往道賀，當時蕭何為主吏，他向貴賓們說：「凡是致贈禮金，不滿一千錢的，就請他坐在堂下。」

高祖當時做亭長，平日輕視沛縣衙中吏人。於是他假寫了一張禮帖，上寫：賀錢一萬。實際他連一錢都沒有帶去。這個禮帖送到呂公手上，呂公看了大驚，自己起身，迎接高祖於門前。呂公好給人相面，看見高祖的狀貌特殊，因而特別敬重，引高祖入座。蕭何向呂公說：「劉季這個人，常是說大話很多，能做成的事很少。」高祖因呂公對他的敬重，便輕侮諸客，高坐上座，毫不謙讓。

呂公因高祖狀貌之奇，乃在席間以目示意，堅留高祖不要退席。於是高祖便留下來，在客人都散去之後，呂公對高祖說：「我從年少的時候，就好給人相面。我相過的人太多了，但是沒有一位像劉季你的相貌這樣高貴的。劉季，我希望你能多多自愛！」呂公稍停說：「我有一個女兒，願意作你執箕帚的妻子。」

酒席宴罷，呂媼對呂公決定以女兒嫁高祖的事非常生氣。呂媼怒向呂公說：「你平素總是說：這個女兒是奇特不尋常的，應該嫁與貴人。沛縣令和你相交極好，求我們女兒你不肯。為什麼自己胡亂的就把女兒許給劉季了？」呂公說：「這就不是孩童女子所能瞭解的事了！」呂公終於把女兒嫁與劉季。呂公的女兒就是後來的呂后，生孝惠皇帝和魯元公主。

高祖作亭長的時候，常常休假回家，到田裡看看。有一次呂后帶兩個孩子在田中耕田，有一個老人由田中經過，求些水喝，呂后見老人餓，又給老人一些吃的，老人就給呂后相面。老人說：「夫人的相貌，是天下的貴人。」呂后又要老人相兩個孩子，老人看看孝惠皇帝說：「夫人所以能夠大貴，就因為這個男孩子的關係。」

老人又相魯元公主，也說是貴相。等老人走了之後，高祖正好從田舍來，呂后便將老人相面的事，說給高祖聽，說客人路過此地，相孩子和我都是大貴之相。高祖便問，老人在哪裡。

呂后說：「剛走，不會走遠。」高祖便追去，果然追上。高祖問老人相呂后和孩子的事，老人說：「方才我相過的夫人和小孩，相貌的高貴都像你，你的狀貌，貴不可言。」

高祖便道謝說：「如果真如先生所言，這相面誇讚鼓勵之德，絕不敢忘。」後來，高祖貴為天子，找尋這位老人，可是老人不知去向。

以上只是《史記》所載，那麼，劉邦的相貌到底貴在哪裡呢？還是看看「九貴」的具體內容吧！

一、顴骨：面部左右兩邊、眼尾下方突起的骨叫顴骨，共有兩塊。

二、驛馬骨：驛馬骨即顴骨勢入「天蒼」的骨，共兩塊，顴骨不入「天蒼」，則叫做驛馬骨未成。

三、將軍骨：即耳骨，也是兩塊。
四、日角骨：左眼為日，左眉上方隱隱突起的一塊骨叫做日角骨。
五、月角骨：右眼為月，右眉上方隱隱突出的一塊骨叫做月角骨。
六、龍宮骨：圍繞雙眼突出的兩塊骨叫做龍宮骨。
七、伏犀骨：由鼻上一骨直線向上，到額部「天庭」，再由「天庭」直貫到頭頂（一說腦後）的一段骨，一塊。——其狀如隱伏的犀角，故稱。
八、巨鼇骨：兩耳後聳起直到腦後的大骨叫巨鼇骨，共兩塊。
九、龍角骨：又稱輔骨，為兩眉眉尾上方斜入「邊地」稍高似角的骨。
「九貴骨」各有所主，各有所勢，基本情況是：

顴骨——顯示威嚴
驛馬骨——顯示尊嚴
將軍骨——顯示勇武
日角骨——顯示智慧
月角骨——顯示機敏

龍宮骨——顯示毅力

伏犀骨——顯示勤勉

龍角骨——顯示果斷

總的來說，「九貴」以豐隆而圓潤為貴。如能參考人的神、精、筋、骨、氣、色、儀、容、言等多方面來分析其「骨」相，則更有準確性。

第二卷

既識神骨，當辨剛柔——剛柔鑑

辨人「內剛柔」之道

既識神骨，當辨剛柔。剛柔，則五行生剋之數，名曰「先天種子」，不足用補，有餘用泄。消息直與命相通，此其皎然易見。

五行有合法，木合火，水合木，此順而合。順者多富，即貴亦在浮沉之間。金與火仇，有時合火，推之水土者皆然，此逆而合者，其貴非常。然所謂逆合者，金形帶火則然，火形帶金，則三十死矣；土形帶土則然，土形帶水，則孤寡終老矣；木形帶金則然，金形帶木，則刀劍隨身矣。此外牽合，俱是雜格，不入文人正論。

五行為外剛柔，內剛柔，則喜怒、跳伏、深淺者是也。喜高怒重，過目輒忘，近「粗」。伏亦不伉，跳亦不揚，近「蠢」。初念甚淺，轉念甚深，近「奸」。內奸者，功名可期。

已經鑑別出神骨的清濁優劣之後，應當進一步辨別剛柔。剛柔，是陰陽二性和金、木、水、火、土五行生剋的原理，名叫「先天種子」。其中有柔弱不足的，就增補這；陽剛過度的，就消泄這。陰陽彼此消長與命運相聯繫，這就像皎潔明亮的月光，是比較容易看見的。

五行之間具有的相生、相剋、相仇三種關係，這種關係叫做「合」；「合」又有順合與逆合之分。

木生火，火生土，土生金，金生水，水生木，這種輾轉相生就是順合。相貌外形歸入順合中的人多會致富，但是卻不會尊貴，即使偶然尊貴，也總是浮浮沉沉、升升降降，難於保持長久。金以火為仇敵，因為火能剋金，但是，有時火與金又相輔相成，金無火煉不成器。

火仇水，水仇土，土仇木，木仇金等之間的關係這就是逆合。形貌上帶有這種逆合的人就會非常高貴。在逆合之相中，如果是金形帶有火形，便非常高貴；相反的，如果是火形帶有金形，到了三十歲就會死亡；如果是水形人帶有土形之相，那麼就會一輩子孤苦伶仃；如果是木形人帶有金形之相，便會非常尊貴；相反的，如果是金形人帶有木形之相，那麼就會有刀劍之災，殺身之禍。

其餘以此類推。至於除此之外的那些牽強的說法，都是雜格，不能歸入文人的正統理論。

五行，**是人的陽剛和陰柔之氣的外在表現，即是所謂的「外剛柔」**。除了外剛柔，還有與之相應的內剛柔。內剛柔指人的喜怒哀樂感情、激動與平靜兩種情緒、深淺不一的心機城府。遇到令人高興的事情，就樂不可支，遇到令人憤怒的事情，就怒不可遏，而且事情一過就忘得一乾二淨。這種人陽剛之氣太盛，性情接近於「粗」。平靜的時候沒有一點張揚之氣，激動的時候也昂揚不起來，這種人陰柔之氣太盛，性情接近於「蠢」。遇到事情，初一考慮，想到的很淺，然而一轉念，想到的卻非常深入和精細。這種人陽剛與陰柔並濟，接近於「奸詐」。凡屬內藏奸詐的人外柔內剛，遇事能進能退，能屈能伸，日後必有一番功業和名聲可以成就。

剛柔相濟之理

古人在預測和判斷人的命運時，要求人相既要充分合自然性，又要充分合社會性，而合自然性和合社會性落到實處，就是符合陰陽五行的運動變化規律——即陰陽互轉、五行生克規律。

在《冰鑑》中提出「神」和「骨」為相之本，有本才會有種子，因此在本章中認為「剛柔」是相的「先天種子」。換句話說，「神」和「骨」很重要，而「剛」與「柔」同樣很重要，「辨剛柔」方可入道。

「剛柔，五行生剋之數」。五行，即金、木、水、火、土。如果人觀五行中的某一「行」不足，其他部位都可以加以彌補，即《老子》中所言的「損有餘而補不足」，如果「行」有餘，其他部位卻可以加以削弱。這就是比較中和平衡的「剛柔相濟」。比如說，如果眼睛的形或神不足，而耳朵的神和形卻有餘，那麼耳朵就可以彌補眼睛的不足，反之亦然。

「不足用補，有餘用泄」，這個思想在陰陽五行中是辯證的重要表現。比如金旺，所謂物極必反，剛極易折，則用水來泄金之旺；如水太弱，不足以濟事，則用金來生水，助其弱勢。這種總體觀念，可免去「只見樹木，不見森林」的片面觀點。在運用「不足用補，有餘用泄」時，應遵循事物圓虛消長之理——即陰陽均衡，剛柔相濟，五行和諧統一的規律。

五體、五質、五常

在漢代劉邵的《人物志》一書中，劉邵用五行說明人的五個結構，即骨、氣、肌、筋、血等五體，再由五體的性質象徵人的五質，即弘毅、文理、貞固、勇敢、通微等五質，又以之象徵人的五常，即仁、禮、信、義、智等五常，透過彼此象徵來認識人的性格品質。

因為木對應人的骨，所以積之為木骨；因為火對應人的氣，所以積之為火氣；因為土對應於人的肌，所以積之為土肌；因為金對應為人的筋，所以積之為金筋；因為水對應於人的血，所以積之為水血。

隨後，劉邵又用骨、氣、肌、筋、血等來說明性質，跟五質、五常之間的關係。如有柔性，就具有弘毅的性格，而弘毅的性格就是仁之質；如清純，就具有文禮的性格，而文理的性格就是禮之本；肌體如結實、雄壯，就具有貞固的性格，而貞固的性格即是信之基；筋．若有勁，就具有勇敢的性格，而勇敢的性格就是義之決；血色若平暢，就具有通微的性格，而通微的性格即是智之原。

五常指的是仁、義、禮、智、信。《白虎通德論》云：「五常者何，謂仁義禮智信也。仁者不忍也，施生愛人也，義者宜也，斷訣得中也；禮者履也，履道成文也；智者知也，獨見前聞不惑於事；見微者也，信者誠也，專一不移也。故人生而應八卦之體，得五氣以為常，仁義禮智信也」。弘毅、文理、貞固、勇敢、通微等五質具有恆常之性。

上述四個方面可用下表表示：

這裡所講的這些內容，對於中國傳統文化及儒家學說毫無所知的讀者是很難理解的，必須對中國古代諸子百家的觀點仔細琢磨，才能體會出其中深刻的含義。

緊接前段五行，可以象徵五體、五質、五常，也可以成為表現道德的條件，因此就用木來象徵溫和正直而果斷的道德，剛毅宏大的品德，理智而尊敬的素質。用土來象徵忠厚而嚴肅，柔弱卻能自立的品德，簡明通順地指出過錯的美德。

五德

金德：剛強而結實，宏大而果斷，剛強而不結實，則容易斷裂；宏大而不果斷，則容易有缺失。

木德：溫和剛正謙遜果斷。溫和而不正直就容易變成懦弱的人；謙遜而不果斷，則容易遭挫折。

水德：厚實而嚴謹，知理而尊敬。厚實而不嚴謹就容易遭謬論；知理而不尊敬，則易造成混亂。

土德：忠厚而嚴肅，柔弱但能自立。忠厚而不嚴肅的話，則易鬆懈；柔弱而不能自立則容易散漫。

火德：簡明而順暢，簡明而不順暢就不會有進展，若不能明確指出錯誤，即不能針砭的話，就會模糊不清。

由五行↓五形↓五體↓五德↓五常，從中我們可以體會出人的性情上有比較大的改變，而這種變化表現在人情世故上有能幹和不能幹之分。這些可用金水土木火來表現，這是識人的基本知識。

內剛柔

內剛柔可粗分為喜怒、跳伏、深淺三種外部表現。

喜怒高重，過目輒忘，近「粗」。

喜怒，指人的情感世界。人的心性本質在特殊情形下會真實顯現，平常言行情愫未必是真性情的顯露。喜怒統指人的情緒劇烈變動，一喜一怒之間，充分表現其對人對物的態度。敢為不平之事拍案而起、挺身而出的，勇氣與正義感凜然，使人不敢侵犯。只為個人得失喜怒傷痛的，自私之心也會昭然若揭。細細區分起來，喜怒也有真偽之別。以情感變化來鑑別人的心性與內心想法，是一個依據，但不是百分之百準確，還應結合平常的行為表現。

「路遙知馬力，日久見人心」，古訓不可忘。蓋因為人能有意地掩蓋心中所想與情緒變化。山中有直樹，世上無直人，直率坦露之人畢竟是少數。他們掩蓋內心本情，多事出有因，這也是發現人物心思的一個依據。

喜高怒重，為一得一失、一物一事而喜而怒，程度異常強烈，失於常情。凡事過目即忘，做事漫不經心，把許多事忘得乾乾淨淨。這種人就是「粗」。粗心大意的人屬此；性情剛直、不識進退的人也屬此；辦事欠考慮、缺乏周密圓潤的也屬此。

與「粗者」相對應，曾國藩作過一幅對聯：

做人不慌不忙，先求穩當，次求變化；

辦事無聲無息，既要精當，又要簡捷。

粗中有細、思慮周詳的人，行事可做到穩當與變化齊施，精當與簡捷並用，而粗者則沒有這樣的才識策略。粗者如不經過一番磨練，變得心思周密，是不宜擔當大任的；但其優點是沒城府，沒機謀，沒野心，領導在許多方面倒可以放心使用。

伏亦不伉，跳亦不揚，近「蠢」

伏跳，指人的情緒變化。伏，情緒平靜時的狀態；跳，情緒激動時的狀態。情緒變化劇烈之時，人往往會做出超乎常情常理的舉動，因此人不宜在生氣時做決定。

從人的情緒變化中來鑑別人才，雖有可取之處，但似乎難以作為一個獨立的方法來運用，更多情況是一個佐證。有一種情況可獨立看待：伏亦不伉，跳亦不揚。

伏亦不伉，意為情緒平靜之時，不會激動亢奮，這是正常情形；跳亦不揚，但在情緒應該激動亢奮之時，也不能激動昂揚，作心若死水態，這出乎人之常情。一種可能為故意掩飾，另一種可能是「愚蠢」。

故意掩飾當歸於人之常情，非不能也，而不為也。當初，前秦符堅率六十萬大軍南下攻晉，軍馬肥壯，聲勢浩大，有投鞭斷流之盛。東晉謝安以區區八萬人馬迎戰符堅。謝安貌似平靜，胸有成竹與人對弈。但內心的緊張與擔憂，只有他本人知道。當以少勝多的捷報傳來，謝安仍心平氣靜地下完那盤棋。但是，在他回到裡屋時，高興得踢掉了鞋子。

初念甚淺，轉念甚深，近「奸」

深淺，指人的心機城府。古語云：山中有直樹，世上無直人。人的心機城府並非生而成之。少年人有熱情，有理想，有抱負，血氣方剛，常以天下為己任，常以為天下無事不能為，有浩薄雲天的志向，因社會閱歷淺，多有坦誠率直性格，欲坦坦蕩蕩做人，風風火火成事。

進入中年以後，碰的壁多了，漸漸胸中藏得住事，凡事三思而行，相謀而動，不莽撞，不粗心，不聲張，沉得住氣，容得下事，心機城府漸寬漸深，概因人心險惡、懂得藏伏的緣故。心機城府漸遠漸寬，遇事就多有思量，謀定而後動，平平靜靜、步步為營地行事，功漸積漸高，名漸積漸厚，成就日多，聲名日隆，定矣。

初一接觸，印象不深，考慮淺薄，心中不以為意，僅僅觸動了心弦，未生出強烈的反應與共鳴。但轉念之間，意識到其重要意義或災難性後果或重大價值，因而體驗加重加深。這樣的思維特點有「奸」的成分。

心機城府深重的人，遇事多有這種特性。

初念甚淺，轉念甚深的結果是，把剛接觸時沒有想到、沒有想透的問題重新梳理一遍，既可能有新的發現，也可能竦然驚悸，看到了先前不曾看到的嚴重後果。

聰明的人，凡事眼前一過，即可把住問題的關鍵和實質，捕捉、歸納出核心環節所在，因此能迅速地做成正確決定。「奸者」，由於初念甚淺，可能被人視作天分不高，心思遲鈍，但因其堅忍執著，知難而進，後來的成就反而會高過原先聰明之人。凡欲成大器者，少不得聰明，更少不得堅忍執著。堅忍與執著因此是識別人物成就的一把鑰匙。

「奸者」的實義所指不是奸佞、奸邪，應是心善度事，權謀機變，城府深重，不如此不足以見機，不如此不足以成大業。遍觀歷史上的功敗沉浮，莫不如此。

內心苦思的程度，而不能親身體驗。這種人非常倔強，韌性也足，鍥而不捨，鑽之彌堅，如何不會成就事功呢？早起的鳥兒有蟲吃，即這個道理。笨鳥先飛，這對那些智力不夠，勉力而進的人，無疑是一大安慰，也是一個絕佳的榜樣。

不同剛柔的三種人

粗蠢各半者，勝人以壽。純奸能豁達，其人終成。純粗無周密者，半途必棄。觀人所忽，十得八九矣。

既粗又蠢的人，剛柔皆能支配其心，使他們樂天知命，因此壽命超過常人。純奸的人——即大奸大詐者，胸襟開闊，能藏丘壑，遇事以退為進，以順迎逆，這種人最終會獲得事業的成功。

那種外表舉止粗魯，心思也粗枝大葉的人，只是一味地剛，做起事來必定半途而廢。以上這些，也就是「內剛柔」，往往被忽略，而且一般察人者十有八、九都會忽略它。

人的剛與柔有所不同，其人生當然也有所不同，具體分為以下三種類型：

粗蠢各半者

孔子把人分為四等，一等為生而知之，二等為學而知之，三等為困而學之，四等為困而不學。第四種人沒有進取心，因此孔子認為不足論。曾國藩在這裡論及的「粗蠢者」，名聲雖不好聽，但其能力品性比「困而不學」的人為高，否則是凡人末流，略而不論。

喜高怒重、過目輒忘的粗人，不存心機，凡事過目即忘，不為憂慮所困，對人生沒有太多的奢求，雖然會為驚喜之事狂歡，為惱恨之事怒吼，情緒的激烈程度強過別人，但轉眼之間忘得乾淨俐落，在漫不經心中傾向於大肚能容。伏亦不伉、跳亦不揚的蠢人（人言其蠢，未必就蠢），只享受眼前的快樂，不大爭名利（因為他知道自己無力去爭），隨遇而安，順情行事，胸無城府，也不理會別人對他的「笨」、「傻」、「蠢」的評價，因此生活愉快。粗蠢各占其半的人，無憂無愁，心悅意暢，有童貞般的單純和快樂，自然能心寬體健，勝人以壽。

古人講糊塗學，多自詡「難得糊塗」。粗蠢各半者，是自然生得糊塗；而奮爭事功、憂心積慮的人終日操勞、案牘勞形，受身外雜務所苦，困擾不堪，性命不易長久；

勝人以壽就成為粗蠢各半者的優點。憨人自有憨人福，粗蠢各半者亦有所成，大概因為他知道如何利用自己的粗與蠢——或許，這又不能言其粗蠢了。從做人來講，許多的智者與奮鬥者，能以粗蠢看待自己的遭遇，未必不是一件賞心樂事。

粗蠢各半者，因其漫不經心，要防其無心誤事，但無野心這一點是好的，可以派上許多用場的。天生我才必有用，即此理。

曾國藩一生大半內心苦烈，自我約束，但操勞過度，甚於他人，雖功高形偉，聲名播於後世，但生時所受病痛與憂患的折磨，又非常人所能及，六十歲時，右眼已不可見物，不到六十二歲就去世了。追求功名的人，不以此為苦；欲享受生活的人，則不以為意，應該是生平所求不同的緣故。

純奸能豁達者

歷來奸賊被痛恨的理由，無疑是賣國求榮，殘害忠良，損害多數人的利益；但從個人成功的角度來看，他們又是當時環境中最適應的生存者。用人者挑選這類人，一是因為他的有用性，能在一定環境中辦好許多事情，二是因為他會說話，討人喜歡。

這只是表面的結果。從本性上講，純奸者又有豁達開朗的特質。「純奸」一詞，更多的含義，是指心機內藏，胸府淵深，喜怒不形於色，哀樂不顯於表，為人做事處處保留三分，與「奸佞賊子」有褒貶上的區別。

「奸佞賊子」多以身敗名裂而終；純奸而豁達者，由於有寬廣的胸襟，容得下人事，舉止大度豁然，氣魄宏偉，多少有高人之風，能得人喜歡，能得人說明，又深藏心機，伺機而動，自然是易於成功的。

春秋時期，鄭國的鄭武公是一個足智多謀、窮兵黷武的諸侯，他要擴張地盤，便打鄰邦胡國（即後來的匈奴）的主意。

但當時胡國是一個強大的國家，又勇猛善戰，用武力固然不容易，想政治滲透也不可能，因為胡漢不相往來久矣。鄭武公實施長遠戰略，派了一位使者到胡國去，說要攀個親，把自己的女兒嫁給胡國國王。國王自然歡喜，立即答應了。鄭武公就做了胡國國王的岳父，把女兒嫁到胡國。

這位新夫人到了胡國，把國王迷得昏頭昏腦，花天酒地，日夜親愛，連朝也懶得上了，對國家大事置之不理。鄭武公暗自高興。過了幾年，他突然召開了一個秘密會議，商議著要開拓疆土，問群臣向哪一方面進攻。

大夫關其思說：「以目前形勢看，要擴張勢力，相當困難，各諸侯國都有攻守同盟，一旦有事，團結一致對敵。唯有一條路可以試一下，那就是向『不與同中國』的胡國進攻，既可能得到實利，名義上又可替朝廷征討外族。」

這個提議與鄭武公不謀而合，也說到了他的心裡。但鄭武公一聽，立刻反問：「你難道不知道胡國國君是我的女婿嗎？你怎麼敢挑撥離間？」

關其思繼續大發議論，口沫橫飛地說出一大套非進攻胡國不可的理由，特別強調，國家大事，不可牽扯兒女私情，國君應為國犧牲個人利益之類的話。

「大膽！」鄭武公發火了，厲聲斥責他：「你要陷我於不仁不義嗎？你想讓我女兒守寡嗎？好吧！你既然有興趣叫人做寡婦，就先讓你老婆嘗嘗滋味吧！來人！把這傢伙斬了。」

鄭武公心裡早已不顧女兒的前途和幸福，而表面上卻裝出一副慈父心腸，而且為此不惜犧牲一位大臣。圖大謀，捨親利，古來如此，劉邦亦如此，李宗吾先生稱之為「厚黑」，這是純奸能豁達者的最具有代表性的特點。這樣做也極具欺騙性，使對方放鬆警惕。

果然，關其思被斬的消息傳到胡國，國王對這位岳父大人感激不已。更加縱情聲色，漸漸地連邊防都鬆弛下來，連鄭國的情報人員也可自由出入。

鄭武公認為時機成熟，突然下令，揮軍進攻胡國。

鄭武公向群臣解釋：「兵不厭詐，這是欲擒先縱的計謀呀！我對胡國早有主意，犧牲女兒嫁給他，是為探其國防秘密，斬關其思為堅定他的信心，使其鬆懈防備，一旦時機成熟，攻其不意，事成矣。」

鄭武公犧牲了女兒的幸福，換來領土的擴張。欲擒先縱，「奸」；犧牲女兒與關思其，不計小利，「能豁達」，故可以成事功。

純奸能豁達者，其特點是心機深藏與心胸豁達，由此去鑑別他們，即可知其成就。用人者很難克服個人喜好這個弱點，因同性相悅的緣故，忠正剛直的看不到奸詐多變者的長處，奸詐多變者看不起忠正剛直的呆板迂腐，因此，欲成一番事功的人，必須正視「純奸能豁達者」的特點。

拋去褒貶意義，「純奸能豁達者」是絕大多數有用之才的共同特徵。於鑑人之道，這個觀點是極有見地的。純奸，更確切的說，是富於權謀。

半途而廢者

半途而廢是成事的大忌，最根本的浪費是時間，先期投入的計畫、物力等的損失都可以轉換成時間的損失。造成半途而廢的原因中，人的因素是可以事先挑選和避免的。

思考欠周密、半途而廢者對事功的失敗負直接責任，鑑別這類人的一個方法即為：純粗無周密者，半途必棄。

純粗無周密，與粗中有細相對，張飛就貴在粗中有細，可惜到頭來仍死於粗中少細，因喝醉酒而鞭打部下，部下辱而怒，惡念陡生而割頭叛主。半途而廢有多種原因，當事者意志不堅是首要原因，沒有堅忍不拔的毅力而欲成大事者，歷來甚少。聰明有餘之士，更應觀其是否有堅忍不拔之毅力，如果沒有或不足，常常會先亂用人者之耳目，得其信任後，因意志力弱，半途而廢，壞用人者大事。其次是能力不足，思考欠周密，造成不可挽回的損失，事情被迫半途而廢。

《孫子兵法》上講，知可以戰與不可以戰者勝。純粗無周密者，性情陽剛，且一味地剛，不分形勢，不辨場合，不知進退，任憑性情行事，又缺乏周密思考，惹下事端就不能收場，甚至可能撇下爛攤子一走了之。

這種半途而廢，識人用人者應負一部分責任。教人做事，除道德品格之外，就應該是智慧，分清可以戰與不可以戰，哪些可以改變，哪些不可以改變，能戰則戰，不能戰則要忍耐和等待；能改變的改變之，不能改變的接受，如此可以保證事功順利進行無損，即便有損，也無大礙。

純粗者還包括做事拖拉，粗中少細，不動腦筋。這種人缺乏計劃性，做事情憑著感覺走，行動上似乎風風火火，但事情總不能圓滿周到地完成，效率極低。這類純粗者，如果沒有人去督促叮囑指導，任其行事，也往往會半途而廢。純粗，卻肯不斷學習的，雖在初始辨不好事，但在經驗積累中不斷改進，銳意進取，又是一種好品格，屬孔子講的「困而學之」。「已非昔日吳下阿蒙」的三國時期東吳大將呂蒙，初時有勇無謀，純粗無周密，後來孫權叫他讀書，逐漸成為智勇雙全的棟樑之才，敗關羽於麥城，威震華夏。

以上種種真假混淆的人才與非人才跡象，不細細分辨，很容易被忽略。許多人常自以為會察人，實際上是「以已觀人」的緣故，造成識人用人錯誤的，十有八九是這個原因。人心不易知，人不可以貌相，此之謂也。

十二種人的性格特點

外剛柔和內剛柔的結合形成了十二種人的性格特點。對此，劉邵做了更深入的剖析，現分別說明如下：

一、強毅之人：這種人狠強剛戾又平和，不以狠強為警惕，而以柔順為撓弱，與唐突之心相抵抗。這種人可以進行總體規劃，但不能仔細觀察其細微之處。

二、柔順的人：寬恕容忍而又優柔寡斷，不根據事物整體情況加以考慮，遇事常強加忍之，這種人可以應付一般事情，卻不是辦大事的人。

三、雄悍之人：對待事情勇敢奮起，但往往對事物缺乏警惕性。這種人可以克服困難，卻不能遵守規定。

四、懼慎之人：畏懼、謹慎小心地對待事情，但性格過於軟弱，而且猜疑心強，所以這種人可以保住自己，卻不能樹立節義。

五、淩楷之人，對待事情專斷，常以雄辯的外在表現，掩蓋其內在專斷之心。這種人可以堅持正義，卻不能使眾人心服而依附之。

六、辯博之人，這種人能言善辯，對語言氾濫不加以警惕，因而在理論上可以講得頭頭是道，但在實踐上卻一竅不通。

七、弘普之人，博愛而又周到融洽，但在交際上往往廣結朋友，不注重選擇物件。這種人可以撫慰眾人，卻不能端正風俗。

八、狷介之人，廉潔而能激濁揚清，不怕道路狹窄繼續走自己要走的路，對於好、壞界線清楚，以弘普為污濁而增益其拘謹之心。這種人可以固守節操，最終卻往往走不通。

九、休動之人：一味地攀登與超越，以沉靜為停滯而增果銳之心。這種人可以進趨在前，卻不能容忍自己居於別人之後。

十、沉靜之人：前思後想而考慮周密，遇事反映較為遲鈍，這種人可以深謀遠慮，卻不能敏捷而速達。

十一、樸露之人：質樸誠實，不以其誠實作為做人的一種標準，卻用奸詐手段來表露其誠實，這種人可以確立信用，卻不能衡量事情之輕重。

十二、韜譎之人：足智多謀，不以其謀略之離正為警惕，以忠貞為愚直而貴其浮虛之心；這種人可以佐助事務而不能矯正違邪。

劉邵對上述十二種人的剖析，非常的細膩與傳神，其實我們的四周（包括自己）就有許多此類的人，讀者不妨仔細去觀察與琢磨。老子說：知人者智，自知者明；勝人者力，自勝者強。一個人在一生當中最大的敵人就是自己，任何人如果能認識自己、瞭解自己，已經非常困難，更何況自己的長短之處被認識之後，能夠進一步揚長棄短、肯定自己、糾正缺點、改善自己那就更困難了，所以老子才會說「自知者明」、「自勝者強」。

—第三卷—

姿容相貌，盡觀個性——容貌鑑

善觀容貌，可得任大事之人

容以七尺為期，貌合兩儀而論。胸腹手足，實接五方；耳目口鼻，全通四氣。相顧相稱，則福生；如背如湊，則林林總總，不足論也。

凡是觀人察質，姿容以七尺軀體為限度，面貌以兩隻眼睛（也有指天庭與地閣）來判斷。人的胸腹手足，實際上與金、木、水、火、土五行對應，都有它們的某種屬性和特徵；人的耳目口鼻，都和春、夏、秋、冬四時之氣相貫通，也具有它們的某種屬性和特徵。人體的各個部位，如果相互照應、匹配，彼此對稱、協調，那麼就會為人帶來福分；如果相互駁雜或彼此衝突，使相貌顯得紛紜雜亂，其命運就不值一提了。

曾國藩說：「容以七尺為期，貌合兩儀而論」。這句話意思是說：容和貌是兩個不同的概念，不能混為一談，容是指人的整個身體及其表現出來的情態，貌則是指天庭至地閣之間的整個面部。容的範圍限七尺之軀，貌的範圍在兩儀之間。

曾氏認為：「直容之動，矯矯行行；休容之動，業業嗆嗆；德容之動，顒顒印印。」即觀察一個人的「容」，能發現其正邪與謹散。一個人的內心活動，必然會在容止上有所表現，即便當事人極力掩飾，也如「羚羊掛角」，終有跡可尋。容止不正，其人必懷他念，這就需要考察這種人的真實動機和想法。容止正派，其人內心純粹，心無旁雜，不會輕易地「見利忘義」。一般而言，容止莊猛的，勇武剛健；容止沉穩的，則謹慎有節；容止聖端的，則肅敬威嚴。此即為觀容。

漢武帝喜歡打獵，有時是群臣俱往，盛況浩大，有時則是輕服便裝，只帶小隊人馬。有一次輕服便裝打獵晚歸，路經一村子借宿，開門的老頭見來者不善，帶著弓馬刀箭，以為是盜匪，不敢怠慢。待漢武帝一行人歇下後，老頭子找老太婆商量，想去招呼集結其他後生小夥子來攻打這群「強人」。老太婆急忙止住老頭子：「我看那領頭的人氣度不凡，容貌之間有種頂天立地、不為事勢所折的氣概。這不應該是普通貴人的容貌，一般盜賊更不能比了。還是謹慎一點好。」

漢武帝的侍衛聽到此話後，報告給漢武帝。一夜無事，老頭子心中稍安。不過數日，朝廷下旨封老頭子夫婦為官。原來漢武帝驚異於老太婆的眼力，故有心照顧二老。

如此看來，老太婆雖不知道「知人之能」，但生活經驗卻教給她一些容貌與人心性、品質、才能的關係，故有此趣聞留傳後世。

曾國藩認為容貌觀人雖然只能說是一種主觀的臆測，但也不是全無憑據的瞎猜，有時也可有一得之見。

古代聖人追求的最高境界是天人合一，「胸腹手足能接五行，耳目口鼻能通四氣」，是指人要與自然相互合諧。曾國藩認為，人是一個由身體各部位相互關聯的整體，因此，各個部位應當相輔相成，協調生動。即胸腹手足互相般配，耳目口鼻相互照應，只有這樣，才符合自然之理，既表明身體健康，還表明相貌不凡；反之，「如背如湊，林林總總」，自然是說人體各部生拼硬湊，雜亂無序，不符合自然協調、均衡的標準，因此，這樣的相貌自然就最差，其命運就更不值得一提了。

劉銘傳是後起的淮軍將領，曾隨李鴻章赴上海鎮壓太平軍，出發前與其他將領一道去謁見當時任職兩江總督的曾國藩。傳說某日，曾國藩步行隻身，悄入宿館，見李鴻章邀來的眾人，有的正飲酒劃拳，有的放聲高歌，有的默坐無言，而南窗下有一人，裸腹踞坐，左手執書，右手持酒，朗誦一篇，飲酒一盞，長嘯繞座，大有旁若無人之慨，視其書，原來是一本《史記》。曾國藩對其十分欣賞，巡視畢，曾氏逕自走出，眾人皆不知走出的人就是曾國藩。曾國藩返回見李鴻章，說明此次暗察的結果：「諸人皆可立大功，任大事，唯將來成就最大者，南窗裸腹持酒人耳！」其人為誰，即淮軍赫赫有名之劉銘傳也。後來因為曾國藩午休未及接見他們，使他們等候了近半個時辰，亦在人群中的劉銘傳已經按捺不住性子了，向眾發作說道：「對部將如此怠慢，豈不令人心冷！烽火其間如此靜候，豈不延誤軍機！」語音未落，曾國藩步入大堂，眾人皆為劉捏一把汗，擔心曾氏降罪於他，豈知曾國藩不但沒有因此怪罪他，反而更欣賞他了。其實當日初見之下，曾國藩見劉銘傳「顏廣面長，鐘聲鐵面」，有「雄俠威凌」之氣，便斷定他日後之事業，非淮軍其他將領可比，遂囑咐李鴻章日後對此人需好好看待。

劉銘傳果然智勇雙全，統軍所向有功。劉本人也常在戎馬倥傯中不忘研習兵法，才俱日增。同治七年，曾國藩奏言：「剿撚之師，謀勇以劉銘傳為最，請於寄諭中，獎其動謀，慰其勞苦。」劉遂三十六歲封爵，為淮軍冠。光緒十年，中法越南戰役中，劉統兵到臺灣，與法軍在基隆、淡水一帶苦戰，結果大敗法兵，並成為首任臺灣省巡撫。劉銘傳在台六載，修築鐵路，興辦實業，種種政績，遺愛在民，實為鄭成功後第一人。

雖然人的容貌舉止是人的美醜善惡中非常明顯表現出來的外在因素，但是，根據容貌辨別一個人的前途命運也是有它一定的道理。這是古人透過無數次的觀察，總結出來的一些基本規律。曾國藩深諳此道，而且把它當作用人的一條重要標準。

識人是曾國藩謀人之術的一環，身處官場，不能識人辨人，為奸佞無能者所蒙蔽，只看到人的表面現象，而看不到人的本質，而知錯人，用錯人，必將惹出禍亂，於人於己都會禍害非淺。曾國藩以其獨到的相人之術，明辨英才，並予以擇取，是其變術的經典手段。網羅人才、交賢結哲，翔實幕府，都是他立足變幻官場的強援支柱，這也是曾國藩的擇人之術，因人而異，人皆英才，如此，仕途不暢是不可能的。

考察儀容識別人

容貴「整」，「整」非整齊之謂。短不豕蹲，長不茅立，肥不熊餐，瘦不鵲寒，所謂「整」也。背宜圓厚，腹宜突坦，手宜溫軟，曲若彎弓，足宜豐滿，下宜藏蛋，所謂「整」也。五短多貴，兩大不揚，負重高官，鼠行好利，此為定格。他如手長於身，身過於體，配以佳骨，定主封侯；羅紋滿身，胸有秀骨，配以妙神，不拜相即鼎甲矣。

貌有清、古、奇、秀之別，總之須看科名星與陰騭紋為主。科名星，十三歲至三十九歲隨時而見；陰騭紋，十九歲至四十六歲隨時而見。兩者全，大物也；得一亦跺。科名星見於印堂眉彩，時隱時見，或為鋼針，或為小丸，嘗有光氣，酒後及發怒時易見。陰騭紋見於眼角，陰雨便見，如三叉樣，假寐時最易見。得科名星者早榮，得陰騭紋者遲發。兩者全無，前程莫問。陰騭紋見於喉間，又主生貴子，雜路不在此格。

人的姿容可貴之處就在於「整」，這個「整」並非整齊劃一的意思，而是要求身體的各個組成部分要均衡、勻稱，構成一個有機的完美整體。就身材而言，人的個子可以矮小，但不要像一頭蹲著的豬；個子也可以高，但不能像一棵細長的茅草那樣插立著。從體形來看，可以胖，但不能胖得像一頭貪吃的熊那樣臃腫；也可以瘦，但又不能瘦得如同一隻寒鴉那樣單薄。這些就是本節所說的「整」。再從身體各部位來看，背部要渾圓而厚實，腹部要突出而平坦，手要溫潤柔軟，手掌則要彎曲如弓。腳背要豐厚飽滿，腳心要空，空到能藏下雞蛋則佳，這也是所謂的「整」。五短身材雖看似不甚了了，卻大多地位高貴，兩腿長得過分長的往往命運不佳。一個人走起路來如同背了重物，那麼此人必定有高官之運，走路若像老鼠般步子細碎急促，兩眼又左顧右盼且目光閃爍不定者，必是貪財好利之人。這些都是固定格局，屢試不爽。還有其他的格局：如兩手長於上身（最好超過膝蓋），上身比下身長，再有著一副上佳之骨，那麼一定會有公侯之封。再如皮膚細膩柔潤，就好像綾羅布滿全身。胸部骨骼隱而不現，紋秀別緻，再有一副奇佳的神態，不做宰相，也會高中狀元。

人的面貌之相有清秀、古樸、奇偉、秀致的分別。這四種相貌主要以科名星和陰騭紋為主去辨別。科名星在十三歲到三十九歲這段時間隨時都可以看到；陰騭紋在十九歲到四十六歲這段時間也可隨時看見。陰騭紋和科名星這兩樣都具備的話，將來會成為人物，能夠得到其中一樣，也會富貴。

科名星顯現在印堂和眉彩之間，有時會出現，有時又隱藏不現，形狀有時像鋼針，有時如小球，是一種紅光紫氣。在喝酒之後和發怒時容易看見，陰騭紋出現在眼角之處，遇到陰天或下雨天便能看見，像三股叉的樣子，在人快要睡著的時候最容易看見。有科名星者，少年時就會發達榮耀，有陰騭紋者，發跡的時間要晚一些。兩者都沒有的話，前程就別問了。

另外，明騭紋若現於咽喉部位，主人喜得貴子。若陰騭紋出現在其他部位，則不能這樣斷定，也就是不一定會得貴子。

觀察一個人的「儀」，能鑑別他的心質好壞，修養高低。儀態大方穩重的，修養深而且素質高；儀態畏縮卑懦的，修養淺而且素質低。古人說：「心質亮直，其儀勁固；心質休決，其儀進猛；心質平理，其儀安閒。」一般來說，耿介忠直的，儀態堅定端莊；果敢決斷的，儀態威猛豪邁；坦蕩無私的，儀態安詳閒靜。環境對儀態的形成有極重要的影響，所謂「居移氣，養移體」就是此理。高貴環境中的人自有一種逼人的氣勢和儀態。這可作為識別人物的一個外部根據。

有這樣一個案例：漢武帝既寵愛尹婕妤，又幸愛邢夫人。因「美女入室，惡女之仇」，便詔令兩夫人不得相見。後尹夫人懇請見邢夫人一面，武帝答應了。幾十個宮女擁著一位夫人款款來到，尹夫人看了卻說：「這不是邢夫人。」武帝驚異地問：「為什麼？」尹夫人回答：「看她的相貌形態，配不上皇上，不足以當夫人。」武帝又召來一位穿舊衣的女人，沒有宮女擁護。尹夫人說：「這才是邢夫人。」於是低頭哭泣，傷感自己不如邢夫人的麗質。

曾國藩認為，人的姿容以「整」為貴，「整」是其規律的不二法門。整，不是指人長、短、漂亮或英俊，而是指人的身體部位均衡、勻稱、協調與否。

容貴整

以長短肥瘦來論英雄，道理就在曾國藩所言的一個「整」字，這裡包含著陰陽五行生剋調和的辯證道理。簡單的道理可歸結為：木受金剋，如果木弱金旺，一剋便沒了生的消息；如果木弱金弱，木雖不會消失，但也無大用；如果木強金弱，金不但剋了木，反受木辱；如果木金俱強，兩勢相當，則為有用之木。其中強弱分數不同，又會生出許多變化。

以長短肥瘦而論，矮者不懼其矮，分寸得度，則以短為貴。正所謂「濃縮的都是精品」。一寸短，一分險，一寸長，一分強，指兵器而言，物的有用性也在於此。身材矮小無妨，但應有挺拔、氣度不凡之勢，自然不是普通人，胸中往往有奇氣。如果形如蹲著的豕（豬），無進取慷慨之志，當然不足為論。

身材高長也無妨，高者自有高的優勢，比如打籃球，就以高為貴。身材也以高的為美妙，如時裝模特兒，配偶標準。高雖好，但如果高長如風中茅草，雖長立在眾物之上，風吹即搖擺不定，自然難以負重挺拔，終不可用。

肥也無妨。是胖的美，還是瘦的美，各時代標準不一樣，而且每個人喜好也不一樣。以胖為美者喜其豐滿，以瘦為美者喜其纖麗，不可唯一而定。胖，如無臃腫虛浮之態，也不像貪吃懶惰的肥態，不失其靈便有力特徵，當然也是好的，自有其特長和用處。

瘦也無妨。瘦，如果不輕佻浮揚，不像風中竹杆，不像寒冬孤鵲，有穩重敦厚感，有筋有骨，筋勁骨植，高而不虛，長而不弱，輕而不飄，瘦而剛勁，當然也是不錯的。

由長短肥瘦而論，只要調停中和，互補互用，勻稱協調，折中均衡，即可任用。如果短過了頭，如卵石亂堆，不成形貌，自然醜陋無用；長過了分，如風中長蒿，纖弱單薄，自然不為棟樑；肥過了度，如惰食笨熊，臃腫虛浮，呆頭呆腦，自然不能當眾獸之王；瘦削了蜂腰之美，則形吊影單，孤苦淒弱，無力與命運事物抗爭，缺乏鬥爭意志，自然難有成就。所謂「楚王好細腰，宮中多餓死」即是一理。長短肥瘦的標準，就是以「不茅立」、「不豕蹲」、「不熊餐」、「不鵲寒」為標準。

長短肥瘦論人整體態勢，是遠觀的姿態。背腹手足則論述容貴整的若干細節形態，作長短肥瘦的補充。

長短肥瘦不以美醜為標準。腹背手足也不以形狀和美醜、膚色論人前程和才能，而是論其特點。

背宜圓厚，厚能負重，擔當大任的象徵；圓可通融，是立於群人之中左右逢源、四通八達，行事有分寸、有辦法的靈活通變象徵。腹宜突坦，腹部外突而不失平坦之徵，表明有承受大任、突出在眾人之外之象，但又有平坦之勢，供他人平穩生活之地。這樣的人才有為他人的寬闊胸襟。

手宜溫軟，是貴人之相。大凡有地位有權勢有財富的人，脫離體力勞動多年，休養處尊，即便如劉邦一樣早歷艱辛的人，體勢勁力已大變，手上的毛繭消失得乾乾淨淨，反而成了溫軟之物，再加上香薰玉沐，自然不是勞動人民的粗硬大手可比了。

足宜豐滿，下宜藏蛋。這一點可用現代生理解剖學來解釋。足分弓形足和扁平足，弓形足高的，足弓下可藏雞蛋。扁平足不利於足部血液迴圈，因此不勝長力行走，因此曾有一段時間徵兵對扁平足有限制。弓形足彈性好，行動迅捷，血液迴圈快，不宜疲勞，宜於長足跋涉，因此是軍人必備條件之一。

以上對背、腹、手、足「整」的要求，在現代解剖學上都可找到對應的依據。這是中國古人在認識人這個問題上的一種邏輯，可惜生理學的應證仍欠缺許多有說服力的資料，倒不如中國古人的直覺智慧來得快而直觀。

五短多貴，貴在其短，短得有分寸，不失勻稱協和之美，或互補有情，配合奇佳，自然不是一般的人。

兩大不揚，兩條腿纖細竿長，失去了協調之美，突破了習慣標準的長度，當然難看，是不值得稱揚的「修長玉腿」了。自然不足為論。

負重高官，行路有如重負在背，沉穩有力，堅實穩健，不疾不徐，而無泰山壓頂之絕望吃力態，也是好的，是擔當重任的象徵。這種任重道遠的類比取象手法，涵蓋了中國古人思維方式的結晶。

鼠行好利，道理同一。行步像老鼠一樣細碎快速，無聲而疾，急速匆忙，左顧右盼，目光閃爍不定，稍有聲響，即如驚惶鼠竄。這種人是生性好利之人，不是重義氣重朋友的漢子。

觀察體型特徵

從一個人的言談舉止中，可以看出他的內心活動，透過對一個人的體型觀察，更可以看出對方某種特殊的潛質。

英國的行為學學者雷咨蒙度・摩利斯說：「人並不比其他動物特別高級或特別低級。」人也屬於動物的一種。動物有不同的體型，人也有不同的體型，如肥胖型、枯瘦型、筋肉型。這樣的體型出現在人類的身上，雖受多種因素影響，但多少可以表示一個人的性格。

根據科學的性格判別方法，大致可依據六種體型來分析人的性格。

體型筋骨強壯而結實的人

筋骨強壯而體格結實、筋肉和骨骼發達、肩膀寬大、脖子粗，故從事舉重、摔跤和土木工程方面的工作，可望出人頭地。然而，在公司銀行當經理的人，也會有這種體型的。這種人做事認真、忠實，當公司或銀行裡的經理是最恰當的。

體型肥胖而脂肪質的人

脂肪質和肥胖型體型的人，往往胸部、腹部和臀部十分寬厚。因腹部附著脂肪，所以從整體看來像是有很多肉。一般說來，中年是最容易肥胖的時期。因開心過度而肥胖，就是脂肪質和肥胖型的體型。

這類人一般會兼有開朗、積極、善良、單純的多重性格，且活潑、幽默；另一方面，這種人具有穩重和柔和、正反兩面的性格，特別表現在歡樂和苦悶的時候。而這些，正是躁鬱質特徵的外在表現。

這類人通常適於從事政治、實驗工作或臨床醫師。往往能出類拔萃，且因天賦敏銳的理解力，凡事有迎刃而解的能力，唯對事情的思慮缺乏一貫性，言談間極易因輕率而失言，並且自恃甚大，喜歡干涉對方。

體型單純而不成熟的人

在你的周圍可能經常會見到臉孔狀如小孩未成熟體型的人。這種體型的人，通常具有自我觀念剛強的性格。這類人的周圍經常是熱鬧非凡的氣氛，話題的中心不是自己時就不開心，同時對別人所說的話一點都不聽，非常任性。

此種體型的特徵是，各方面都有淺薄而廣泛的知識；有用這種知識對小說、音樂、戲劇加以評論的才能，同時具備其他各種知識，講話時妙趣橫生，經常使人捧腹大笑。從另一角度看，這類人可謂是天真、浪漫的人，殊不知自己還有沒變成大人的地方，真值得悲傷。自己被人奉承時還好，一旦受人冷淡屏棄時，嫉妒心會變得很強烈，形成一種歇斯底里的狀態，對於這種人要特別注意。

在你所知道的女性中，若有這種歇斯底里型的人，最好不要多講話，只要聽她發表即可。如果你交往的對象是此種類型的人，在有生意來往時，關於此點要特別注意。過分信賴這種人，自己往往會受到損害。

體型瘦瘦細條的人

瘦瘦細條體型的人最大的特徵是心情不安定，情緒容易失去平衡，且容易混亂，但他自己本身卻非常開心。其實這種性格是一種難能可貴的性格，具有豐富的感受性和纖細的感覺，是生活態度非常慎重的人。他們如果從事藝術性的工作，大多可以取得別人難以取得的成就。

體型略帶纖瘦但結實的人

這類人略嫌纖瘦，但體態結實，自我意識特別強烈，且很固執，對任何事情都喜歡挑戰。有強烈的信念，充滿信心，不論遇到怎樣的苦境，都努力爭取成功。

具有如此體型的人，他們在事業和做人方面都缺乏應有的性格魅力，但他是一個有能力且可能具有相當權力潛質的人，但由於性格上的弱點，即使是別人跟隨他、迎合他，他同樣還是會和別人保持心理上的距離，他在家庭生活中也可能是個孤家寡人。

與這類人交往時，絕不可與他形成對立，這種人具有抗爭性和攻擊性，他的偏執讓他一直會把自己的觀點強加給別人，直到被別人認可時為止。

體型纖瘦如影子的人

對纖瘦型者有一句流行語——苗條，甚至還有人說「瘦子特別能吃」或「某方面很強烈」，這都是觀其外表。此類型者，雖然外表似乎虛無的樣子，實質上是很難應付的人。若為女性，性格剛烈，一旦發怒後果將不可收拾。

與這類人交往時，應該瞭解他神經纖細並且本性善良，是對生活採取慎之又慎態度的人，但他性格上的猶豫不決和意志薄弱，容易產生氣餒心理，是個令人難於捉摸的人。這類人的特徵一般是冷淡、冷靜，然而性格複雜且無法適當地表明立場，因為這種人有相互矛盾的分裂質。比如對於幻想興致勃勃，保持快樂的一面，不喜歡被人探出隱私，且心事彷彿用冷酷的面罩覆蓋著。對於這類人，有人會不喜歡而視之為平凡的朋友交往，有人感覺到這類人是不易接近的貴族，具有羅曼蒂克的氣氛。

這類人對無關緊要的事固執己見、怪癖、不變通、倔強，並且表情呆板，在沒下決心之前用行動來決定，這就是纖瘦人的缺點。這種人因為有纖細神經的關係，其優點是對文學、美術、藝術等興致盎然，且對流行有敏銳的感覺。縱使拿出自己的財產，也要盡力為大眾服務。社交上，這類人有非常優雅的手腕。

以上幾種透過體型窺探內心的途徑，雖具有一定的普遍性，但也不是完全無誤的法寶，它因人而異，學會正確地使用它，在觀察世人時才不至於陷入誤區，害人而誤己。

觀察面相識別人

日者面之淵，不深則不清。鼻者面之山，不高則不靈。口闊而方祿千鐘，齒多而圓不家食。眼角入鬢，必掌刑名。頂見於面，終司錢谷：此貴征也。舌脫無官，橘皮不顯。文人有傷左目，鷹鼻動便食人：此賤征也。

人的眼睛如同面部的兩方水潭，神氣不深沉含蓄，面部就不會清朗明爽。鼻子如同支撐面部的山脈，鼻梁不挺拔，準頭不豐圓，面部就不會現機靈聰慧之氣。嘴巴寬闊又方正，主人有享千鐘之福祿，牙齒細小而圓潤，適合在外地發展事業。兩眼秀長並插至鬢髮處者，必掌司法大權，禿髮謝頂而使頭與面額相連，無限界，能掌財政大權：這些都是富貴的象徵。口吃者無官運。面部肌膚粗糙如橘子皮的人不會發達。文人若左眼有傷那麼文星陷落而無所作為。鼻子如鷹嘴的人，必定內心陰險狠毒，喜傷人，以上這些都是貧賤的徵兆。

曾國藩認為，一個人頭部圓圓，一定富貴；眼睛流露善意，心底必定慈悲；眼睛橫豎，性情剛烈；眼珠暴突，性情兇惡；眼睛斜視不語，心懷嫉妒不滿，近距離細看則神情內藏不露。性情溫柔的人容貌平和，臉色青藍的人多遭困頓；臉色紅黃不改的人一定榮昌；面上有黑白色，疾病不斷；面上紫色，福祿晚至；面上赤紅色，必有犯官作亂之事。眉毛平直如一字，仁義之人。鼻頭尖薄，定是奸險孤貧之人，鼻頭圓圓，好似截筒，定居高位。眼珠黑如點漆，富貴聰明。四字口，朱紅唇，日月二角朝向天倉，此是公侯之相。眉毛高翹，兩耳聳起，官運亨通。

儀表，可以顯示一個人的性情、能力、福澤等。因此，每一個器官都有許多形容詞，因其人的身分不同，形容詞的涵義亦會發生極大甚至截然相反的變化。

古人認為人的面相、臉型與人的成就具有密切關係。清朝舉人會試三科不中，而年齡漸長，苦生計艱難，需要俸祿來養家時，可申請「大挑臉」，則純然以貌取人，而以一字為評，長方為「同」字臉；圓臉為「田」字臉；方臉為「國」字臉，這都是能挑中的好臉；而冷落的則有上豐下銳的「甲」字臉；反之即為「由」字臉；上下皆銳則為「中」字臉。均不能重用。

就相貌來看人，最要緊的是「五官端正」。端正即是勻稱之意，「五短身材」之所以稱為貴格，就在勻稱。就五官的個別而言，在男子眉寧粗勿淡，眼寧大勿細，鼻寧高勿塌，口寧闊勿小，耳寧長勿短，當然要恰如其分，過與不及，皆非美事。

明建文二年（一四〇〇年）策試中試舉人有個叫王良的對策最佳，但以其貌不揚，被抑為第二，原本第二的胡靖擢為第一。後來惠帝亡國，倒是王良以死殉國，而胡靖卻投靠永樂皇帝，做了高官。明英宗對朝臣的相貌也特別看重，天順時，大同巡撫韓雍升為兵部侍郎，英宗發詔讓大學士李賢舉薦一個與韓雍人品相同的人繼任。李賢舉薦了山東按察使王越。王越人長得身材高大，步履輕捷，又喜著寬身短袖的服飾，英宗見後很是滿意，說：「王越是爽利武職打扮。」後來王在邊陲果然頗有戰功。

古人認為，好的面色是：面相有威嚴，意志堅強，富有魄力，處事果斷，無私正直，嫉惡如仇；禿髮謝頂，善於理財，有掌管財物的能力；觀顴高聳圓重，面目威嚴，有權有勢，眾人依順；顴高鼻豐並與下巴相稱，中年到老年享福不斷；顴隆鼻高，臉頤豐腴，晚年更為富足；顴骨高聳，眼長而印堂豐滿，臉相威嚴，貴享八方朝貢。

識面認為不好的臉色是：顴高面臉頤削瘦，做事難成，晚年孤獨清苦。顴面而鬢髮疏稀，老來孤獨；顴高鼻陷，做事多成亦多敗。薄臉皮的人常常會被誤認為高傲，或者低能。這些誤解更增加了薄臉皮者在人際交往中的困難。因此，他們在處理問題時常常不敢大膽行事，寧願選擇消極應付的辦法。他們對工作不求有功，但求無過，怕擔風險。然而，臉皮薄的人並非一無是處。一般說來，臉皮薄者的為人是比較堅定可靠的。他們是好部下、好朋友，在特定的狹小範圍內，還可以充任好骨幹。

人類對事物的一般認識過程是：首先是感官接受了外界事物，然後心裡有了印象，接著發出聲音加以評論，最後才表現為人的外表反應。所以我們可以說從貌知其音，再知其心氣，最後看清他的內心世界。我們從以下方面可作一些參考：

一、一個心質誠仁的人，必定會展現出溫柔隨和的貌色。

二、一個心質誠勇的人，必定會展示出嚴肅莊重的貌色。

三、一個心質誠智的人，必定會展示出明智清楚的貌色。

人們普遍相信「人不可貌相」的格言，但在理解上有所偏差。的確，一個人品質的好壞、才能的優劣，當然與美醜無關，歷史上不乏這樣的例子。

曹操雄才大略，卻身材矮小，當匈奴的使者到來時，為了顯示威嚴，他特地讓別人裝扮成他，接見使者。龐統被稱為「鳳雛」，和諸葛亮齊名，據說得到他可得天下，但孫權卻嫌他長得醜，七孔朝天，也不待見他，使得他很鬱悶。

劉備也因為他的長相，開始只給他縣令當。人稱劉羅鍋的劉鏞因為長相不濟，也沒有考中進士，儘管他的考卷無懈可擊。

這裡的貌可以做兩種解釋，一是指長得美醜，二是指外貌特徵。後者包括一個人的眼神、表情、神情的變化及舉止言談。美醜當然不是判定一個人的標準，但神情及神情的變化有時確實可以顯露一個人的內心世界。一個坦率磊落的人目光總是堅定的，心中有鬼的人目光總會遊移不定。

同樣，舉止言談大方有度的人一定有修養，動作猥瑣的人一定缺少內涵。唐太宗會用人，這一點有口皆碑，但用人首先是識人。他透過觀察李靖並和他做短暫的交談，就認定這是個人才。李世民的這番苦心並沒有白費，他最終得到了豐盛的回報。

當時韓信的情況也差不了多少。他剛投奔劉邦時，犯了錯，要被砍頭，他對行刑官大叫，漢王不是要得天下嗎？為什麼先殺壯士？行刑官正是夏侯嬰，他見韓信氣度不凡而放了他，這才有了後面蕭何月下追韓信的故事。如果當時夏侯嬰不能發現韓信的才能，一刀下去，蕭何丞相後來又去追誰？漢王又靠誰來打天下？

唐朝的大將郭子儀也有過類似的經歷。他當小兵時要被處斬，李白見了，說這是個了不起的人，不能殺。

李白是大詩人，有面子，郭子儀才倖免一死。李白並不認識郭子儀，也是「以貌取人」，發現他是個人才。

所以，人的品性和才能，都是形於中而露於外的，透過觀察，不是不能發現。當然，首先要取決於你是否有一雙慧眼。

臉型不同的人性格不同

這個世界上沒有兩張完全相同的面孔，即使一般人分辨不出來的同卵雙胞胎兄弟，經過精密的肌肉、顱骨測定，也可以找到若干差別。

雖然如此，我們仍然可以自芸芸眾生不同的臉譜當中，歸納出一個分類的標準。以臉型來分類的話，有的人臉方、有的人臉圓、有的人呈倒三角型……大致上可以分四、五種臉型。

人類的臉型決定於頰骨、顎骨與肌肉的紋理及結構，自古以來即被拿來當成判斷命運、性格的重要依據。許多民族，如中國人、猶太人、吉普賽人也都有自己觀相的一套方法。人類學家也相信，不一樣臉型的人有著不同的性格與發展傾向。

身體語言大師摩里士曾經說過：「**人身體上突出的部分多者，侵略別人身體領域的性格愈顯著。**」不言而喻，這個突出的部分指的正是下巴、鼻子及女性的乳房。特別是下巴，因為每個人生氣或得意的時候都有仰起下巴且向前方突出身體領域的傾向。

以臉型來分析性格的學說，最著名的應該是柯爾曼發表的「面孔類型的不同性格傾向」理論，我們將內容擇要略述於下：

肥滿、肉多的圓形臉

這種人喜歡遵守規範，維持傳統，思想與行為都相當保守。他們生活節奏平緩悠閒，雖然舉手投足的姿態動作較大，卻不會讓人有大而不當的感覺，反而有股從容不迫、悠然自行的氣度。這種人講究閒適、規律的生活，頗受朋友歡迎，知識的涉獵偏向消極、實用、常識性。

這種人在工作上的表現，動靜皆宜，適應力頗強，會調整、改善自己的步調適應社會。他們喜歡快節奏的任務，也能耐得住單調、無趣的工作。

但是，這種人缺乏創造性特質。他們凡事求取務實，對於眼前的、具體的事較感興趣，不願冒險改變現狀，也不太會鑽牛角尖，具備妥協、調停能力。

下凸部分肥滿的三角形臉

他們的臉胖，脖子較為粗大，整張臉經常紅通通的，顯得血氣旺盛的樣子。

這種人較緊張，感覺敏銳，具有好動、靜不下來的外向性格。他們體力充沛，節奏快，而且可以吃苦耐勞，身體的韌性一流。

身體頗為強健，很少有水土不服的情況，體力的恢復也比較快，他們總有法子在搭乘好幾個小時的長途飛機後，立即投入工作。

這種人在人際場合中很吃得開，屬於長袖善舞、八面玲瓏的典型。不過，他們交朋友的目的明確，所交往的朋友也局限於工作上的關係，他們很會因實際需要選擇朋友，很會利用朋友的「附加價值」，來賺錢或發展自己的事業。幾乎只有一面之緣的人，都會被記入他們的資料庫中，成為日後的合作夥伴。

這種人做事非常積極、熱情迫切、敢冒險、大膽、行動快如閃電。他們有實踐能力，頗富開拓性。這種人當老闆的話，身旁一定要有值得信賴且具分析能力的幕僚為他運籌帷幄，如此才能成事。

輪廓相當明顯、下顎寬大的方形臉

這種人臉龐方而大，有稜有型，給人深富男子漢氣概的印象。他們做起事來膽大過人，喜歡冒險犯難，凡事草率魯莽，思考欠周詳，容易得罪人，是屬於有勇無謀的類型。

這種人思考問題、做事方式總是採取單線、直線模式，缺乏協調、迂迴空間。他們判斷事情也常流於表面、膚淺，看不到隱藏的憂患。

在人際關係的處理方面，這種人可以說是愛恨分明，喜怒刻印在臉上的典型。他們往往只和有好感的人親近，對於討厭的人總是擺一張臭臉。另外，這種人運動細胞發達，很少有運動能難倒他們的。

輪廓明顯、五官端正的方形臉

這一類型與上一類型的差別，主要在於下顎，這一類型的下顎線條較柔順。這種人凡事崇尚中庸，做事的過程中既不破壞傳統秩序，又極富彈性。他們能力卓越，眼光遠大，是典型的領導人才，具有應付變局，扭轉乾坤的能力。

這種人腦筋聰明，富於機智謀略，舉止大方穩重，待人誠懇，頗有威望。他們處世有自己的一套原則，穩定度高。上司交代下來的工作，他們會盡全力辦妥。現實、理論兩方面，他們有辦法兼顧，生活得既有朝氣，又十分均衡。

下巴削尖的倒三角形臉

這種人心思細膩，凡是遇到事情想得多，想得遠，想得廣，尤其喜愛思索抽象性問題，容易陷在自己挖掘的思考陷阱中。

這種人對新環境的適應力不好，孤獨內向，不容易交到朋友。常給他人不合群的印象，用心細密、謹慎，採取防禦姿態，人際關係始終難以拓展。這種人性格固執，總是執著於自己的想法，喜歡胡思亂想，好鑽牛角尖，與人相處時，缺少圓滑溝通能力。

這種人不擅長表達情愛，對心儀的對象只是慢慢付出關心，羞於把「愛」字說出口，以致常有單戀的情形發生。他們感情容易受傷害，報復心也較為強烈。他們做事積極、快節奏，有追根究柢的求知欲望，對事物觀察透徹，是很不錯的智囊、策劃型幕僚人才。

第四卷

相人之要，情態為先——情態鑑

久注觀精神，乍見觀情態

容貌者，骨之餘，常佐骨之不足；情態者，神之餘，常佐神之不足。久注觀人精神，乍見觀人情態。大家舉止，羞澀亦佳；小兒行藏，跳叫愈失。大旨亦辨清濁，細處兼論取捨。

容貌是人的骨之餘韻與外部顯現，常能彌補骨的不足；情態則是神的餘韻與外在表現，常能彌補神的不足。久久審視，應主要觀察人的精神；短暫一見，主要觀察人的情態。大家高人之態，即便有女兒家似的羞澀，也不失為佳相。像小孩兒一樣哭哭啼啼，又叫又跳，愈是掩飾造作，愈使人覺得虛偽粗俗。審視情態，也應首先分辨清濁，近觀細審時，還要兼論取捨存留，方可大處著眼，細處定性。

容貌不同於人們常言中的容貌，「文人先觀神骨」，以骨鑑人心性才能，實在是虛無縹緲的感覺，用「容貌是骨的外在表現」來理解，倒可以讓人接受，多少能合於自西方傳過來的「科學」邏輯，因此才能被現代人理解。容貌彌補骨的缺陷，仍是虛幻不明的一個概念，這裡不細論。

情態的考察，目的即在於，用人者在彼此短暫相見過程中，確定人物的心性才能品質。曾國藩視劉銘傳從大廳裡經過，就辨識出他的大將氣度，是幾十年閱歷經驗所致，偷不得半點機巧。人們也不乏這種經驗，乍見之下，就喜歡上了他，認為是一個人才，這就是從人的情態得出的結論。

把情態理解為神的流露和外顯有一定道理，而且情態應是人內心歡悅痛楚的面部表現。如果一身精神不足，要由情態來補充，佐以優雅灑脫、清麗絕俗、優美端莊、氣度豪邁、冷豔飄揚之態，當然別有一番風姿。以《紅樓夢》中的林黛玉論，一身病態，精神自然是不足的，雖得珍貴藥物調養，仍然無力回天；但她身上的冰雪聰明，弱態嬌美，淒苦輕揚，卻別有一番美麗。這是情態者，屬神之餘。

神與情又是經常合在一起的，講「神情」，老師教小學生造句，興許就有「故宮的石雕神情逼真」。神與情本是兩回事，在考察人物上各自本源不同，用途不同，表現形式也不相同。細細區分起來，神隱含於內，情現露於外，一個抽象，一個具體，前者不易識別，後者易於識別；神以靜止態為主，情以運動態為主；神是持久性的內在力量，貴在充沛，隱隱有形，情通常以瞬間表現為單位，貴在自然純樸。

如果說神是一種虛無縹緲的事物，使人不易理解，那麼情態的具體性則能夠作為神的補充。在考察人物時，透過各種情態來發現人物的真性情、真本質，這是相對容易辦到的事。

常見有容貌清秀俊雅美麗的，但舉手言語之間卻俗媚難持，這是容貌佳秀而情態不足的；又有容貌醜陋不飾、觀不入目的，但卻是風姿綽約、端莊貞謹，不失一種深藏內在的美，這是容貌不足而情態有餘。兩種情況的根源在於環境的修養和造化，其中有家庭的影響、社會的薰陶與自身的磨練。

古人講，**貧者因書而富，富者因書而貴，貴者因書而守成，皆因為書中的人生道理啟人智慧**。

從本節所討論的角度來看，是因為情態受人主觀修養的控制，有一個從不足到有餘、從不雅觀到端謹的演化過程，或者相反。基於情態乃神的外部表現與補充，神也是可以經由後天的磨練得到改變與強化。

臉部的表情反映心理狀態

臉部的表情最容易現顯出人的心理狀態，人對臉部以外的四肢活動，反而較少在意。若要看出對方隱藏的個性，可觀察他細微的動作來印證。

有一次，小劉和小馬在聊天，小劉發覺小馬似乎與平時不一樣，仔細留意才發現：小馬雖然在微笑，但在桌下的手腳卻不時顫動，而此舉與談話內容並無關連。由此可證明，人的本性還是容易由小動作流露出來，明明心中有所牽掛，卻不願承認。

某實驗證明，看照片時注意脖子以上，或脖子以下及全身時，有下列不同的表示：

第一，只看脖子以上的人，容易表示友善的態度，個性開朗豁達，感情豐富，也很細膩，重義氣，讓人覺得老實、體貼。

第二，只看脖子以下的人，時常緊張、神經質，做事並無主見，常常無助與迷茫。

第三，注意身體全部的人，善變，敏捷，具有活動性。

總之，看照片時，只看脖子以下的人，比較容易洞悉對方的為人；只看臉的人，容易被照片的影像所矇騙，結果並不是很好的。

當年，水門事件中的尼克森總統一邊回答記者提問，一邊隨手撫摸自己的臉頰和下巴。這些微妙的動作在以前不曾有過。

尼克森總統的身體語言已是一份「供詞」，表明了他與水門事件大有牽連。

觀察人的恆態

有弱態，有狂態，有疏懶態，有周旋態。飛鳥依人，情致婉轉，此弱態也。不衫不履，旁若無人，此狂態也。坐止自如，問答隨意，此疏懶態也。飾其中機，不苟言笑，察言觀色，趨吉避凶，則周旋態也。皆根其情，不由矯枉。弱而不媚，狂而不譁，疏懶而真誠，周旋而健舉，皆能成器；反之，敗類也。大概亦得二三矣。

常見的情態有以下四種：委婉柔弱的弱態，狂放不羈的狂態，怠慢懶散的疏懶態，交際圓滑的周旋態。如小鳥依人，情致婉轉，嬌柔親切，這就是弱態；衣衫不整，倒穿鞋襪，不修邊幅，恃才傲物，目空一切，旁若無人，這就是狂態；想做什麼就做什麼，想怎麼說就怎麼說，不分場合，不論宜忌，這就是疏懶態；把心機深深地掩藏起來，處處察顏觀色，事事趨吉避凶，與人接觸圓滑周到，這就是周旋態。這些情態，都來自於內心的真情實性，不由人任意虛飾造作。委婉柔弱而不曲意諂媚，狂放不羈而不喧譁打鬧，怠慢懶散卻坦誠純真，交際圓潤卻強幹豪雄，日後都能成為有用之才；反之，委婉柔弱而又曲意諂媚，狂放不羈而又喧譁打鬧，怠慢懶散卻不坦誠純真，交際圓滑卻不強幹豪雄，日後會淪為無用的廢物。情態變化不定，難以準確把握，不過只要看到其大致情形，日後誰會成為有用之才，誰會淪為無用的廢物，也能看出個二、三成。

恆態

恆態，直解為恆定時的形態，具體地說，就是人的形體相貌、精神氣質、言談舉止等各種形貌在恆定狀態時的表現，在這兒主要是指言談舉止的表現形態。觀察一個人的恆態，對幫助評判他的心性品質有重要作用。

精神是本質，情態是現象，要知人本質，須從神入手，而情態能佐神之不足，因此考察人物時，有初觀情態、深察精神兩個層次和步驟。

情態的表現百種千樣，卻在瞬間即可看到其變化。精神的本質則不易知，故曾國藩在觀察注視江忠源良久、待他走後才說明「名揚天下，壯烈慘節而死」的結論，其中不排除「久注人精神」的原因。下面對這四種情態進行詳細闡述。

弱態

弱態者，性情以柔為主。從缺點上講，容易流於優柔寡斷，信心不足，少果敢獨立之氣，不能堅持個人意見，缺乏主心骨，言聽計從慣了。但是，他們的優點在於內心細膩、感受敏銳深刻細微，能注意到常人注意不到的細節，也善於從生活中發現美。這種人精明幹練，心思周密，做事周全，叫人放心，在許多細節問題上會處理得非常巧妙，非常有創意，可惜豪氣不足，不適合獨當一面的開創性工作，適合從事文學藝術和慈善事業。

狂態

狂態者，大多對現實不滿，個性狂放不羈，憤世嫉俗，為人耿介樸厚，有高人之風，但寬容不足，機巧圓潤不足，因此為人行事自成一格，既不為他人理解，也不肯屈尊去遷就他人。又由於孤獨，因此能沉心於個人興趣之中，鑽研、聰明、發奮、持之以恆，終有過人的成績。歷史上諸如鄭板橋等一類人物，皆屬此類。

狂傲，多半以充足的信心為基礎，常以為天下人皆不如己，這未嘗不是一件好事，有利於將個人才智淋漓盡致地發揮；但失於分寸，忘記自律，不分場合，皆以己意行事，則會壞人壞己之大事，而難得善果。另有用狂傲姿態來掩飾真心的情況，不可不細察。

狂傲的人又是最孤獨的，因此是從事藝術工作的絕佳人選，包括現今的廣告創意人才。

清代乾隆以後，嘉慶年間有個怪人龔定庵，以狂聞名。康有為、梁啟超宣導中國思想，受他的影響很大。這個人才氣高，文章也非常好，而且那個時候他就留意到了國防。蒙古、滿洲邊疆，他都去了，而且他認為中國問題都是邊疆問題，邊疆有漏洞，西北有俄羅斯，東是日本，將來一定出大問題。他也狂，作了一篇文章講「才難」，說天下將要大亂，因為缺乏人才。文章罵得很厲害，說「朝無才臣，巷無才偷，澤無才盜」，連有才的偷盜都沒有了，因此他感嘆那是一個人才的末法時代，過不了多久，天下就要大亂。果然不出半個世紀，內憂外患接踵而至。雖有個曾國藩從中打點，但天下仍是病重到不能根治了。

疏懶態

具有這種情態的人，大多有才可恃，但因為眼光犀利，什麼東西一眼就能看穿本質，反而缺乏行事的興趣和動力，顯得生疏懶惰。如果有某項事功確實打動了他的心，吸引了他，很容易著迷而深陷不出。因此這種人的成就看得見。

周旋態

這樣的人才是文人中的佼佼者，不僅智商高、智慧深，而且靈巧機警，善於控制自己的感情，隨遇而安的本事很好，待人接物應付自如，遊刃有餘，不僅在書海中有遨遊的天才，也能在交際、官場中揮灑靈便，甚至有如神助。黑白、官商、文武都可找到自己的位置。解決問題能力強，適於獨當一面。如果周旋之中別有一股強悍雄健氣，則是難得的大人才。

其實，人身上以上四種特徵都多少具備一些，但又以某一種為主要特徵。從成才角度看，以上四種，各有所長，弱態之人，不媚俗迎眾；狂態之人，不譁眾取寵；疏懶態的出於真性情；周旋態的舉止圓滑中不失中正剛健，都可以有所作為，而被歷史銘記；反之，則是敗器之人，不足為論。

觀察人的時態

前者恆態，又有時態。方有對談，神忽他往；眾方稱言，此獨冷笑；深險難近，不足與論情。言不必當，極口稱是；未交此人，故意詆毀；卑庸可恥，不足與論事。漫無可否，臨事遲回；不甚關情，亦為墮淚；婦人之仁，不足與談心。三者不必定終身。反此以求，可以交天下士。

前面所說的，是在人們生活中恆常出現的情態，稱之為「恆態」。除此之外，還有幾種情態，是不經常、短暫出現的，稱之為「時態」。

如正在跟人交談時，卻忽然把目光和思路轉向其他地方去，足見這種人毫無誠意；在眾人言笑正歡的時候，卻在一旁漠然冷笑，足見這種人冷峻寡情。

這類人城府深沉，居心險惡，不能跟他們建立友情。別人發表的意見未必完全妥當，卻在一旁連聲附和，足見此人胸無定見；還沒有跟這個人打交道，卻在背後對人家進行惡意誹謗和誣衊，足見此人信口開河，不負責任。

這類人庸俗下流，卑鄙可恥，不能跟他們合作共事。無論遇到什麼事情都不置可否，而且事到臨頭就遲疑不決、猶豫不前，足見此人優柔寡斷。遇到一件無關緊要的事情，卻傷心落淚，大動感情，足見此人不理智。這類人的仁慈純屬「婦人之仁」，不能跟他們推誠交心。

然而以上三種情態卻不一定能夠決定一個人終身的命運。如果能夠反以上三種人而求之，那麼就可遍交天下之士了。

「時態」是與「恆態」相互對照的一組概念。

時態，與恆態相對直解為運動時的形態，時態與人的社會屬性、社會環境密切相關。人的活動，無不打上環境和時代的烙印。脫離時代與環境而獨立生活的人是不存在的。

古人並沒能提出「恆態」、「時態」的動靜結合方法，而《冰鑑》卻彌補了它們的不足。實際上，恆態與時態相結合的方法，有辯證法的成分，能有效地避免機械主義的錯誤，幫助我們更準確地識人。

深險難近者

正在交談之時，忽然隨便地把目光移往別處，這種情況表明，他心存別念，或者是心不在焉，沒有給對方足夠的重視，如無特殊原因，這種人缺乏誠意，不尊重對方，心懷他念。如果與這類人交流談心，那是找錯對象了。另一種可能是，談到一個話題時，他迅速地轉向另一個話題。這種情態原因有兩個，一個是他是內傾式思維者，多關注個人內心世界，內心感情敏感而豐富，思維轉得快，但不依據、照應外界的情況變化；另一個原因是心有別念。前一種原於本性，不足為怪，後一種情況則不足與論情了。

大夥兒正談得高興，唯獨他一個人在旁邊冷嘲熱諷，無動於衷，或者是冷眼旁觀，不屑一顧。這種人，要嘛是高人，有自己獨到的見解，見旁人胡亂瞎侃，心中不舒服，本不想摻雜到當中去，卻又忍受不了他們亂講，因此在情態上有所表現；要嘛就立馬走開，不予理睬。這種情況為情理中事，不足為奇。另一種情況則是沒來頭的冷嘲熱諷，目高於眾人，冷漠寡情，居心叵測，不值得深交。有的人天性如此，倒也不必多怪。

卑庸可恥者

他人的言論並不正確，卻在一旁連連附和，高聲稱唱。如果不是存心這麼做，必定是個小人，胸無定見，意志軟弱，只知巴結奉迎、投機取巧。這種人不可信賴。

婦人之仁者

項王待人仁慈有禮，言語溫和，部下有人生了病，他會流著淚把自己的飲食分給他們。當手下的人有了功勞應當賜封爵位時，他卻把刻好的印章拿在手裡，玩弄得磨去了稜角，卻捨不得給人家，這種行為，就是所謂的婦人之仁。

婦人之仁的表現各不相同，但對欲成事功的人來說，應深引為誡，有項羽的前車之覆，後人深以為鑑。懷婦人之仁者，不足與之交談大事。

中國古代對人的性格氣質等都有所研究，但沒有形成完整統一的體系，多散見於各種著述之中。俗語說：「江山易改，本性難移」。是不是一成不變呢？不是。曾國藩體情察意，明確認識到性情氣質不是固定永恆，都是會有所變化的。

更進一步說，作者已經明確認識到一個人的性格性情、人格情操、言談舉止，跟他的命運好壞沒有直接的對應關係，不會決定人的終身命運。驗之社會現實生活，可以發現，一個奸邪的小人卻能身居高官顯位，而一個正人君子卻功名難求；賢相良將常常過早身首異處，巨奸大猾往往能夠得享永年。「善有惡報」、「惡有善報」，屢見不鮮，不算什麼怪事，因為社會生活太複雜了，沒有固定不變的公式。

第五卷

早眉晚鬚，勿失於呆——鬚眉鑑

少年兩道眉，臨老一付鬚

「鬚眉男子」，未有鬚眉不具可稱男子者。「少年兩道眉，臨老一付鬚。」此言眉主早成，鬚主晚運也。然而紫面無鬚自貴，暴腮缺鬚亦榮：郭令公半部不全，霍驃騎一副寡臉。此等間逢，畢竟有鬚眉者，十之九也。

人們常說「鬚眉男子」，是將鬚眉作為男子的代名詞。事實上也的確如此，還沒有見過既無鬍鬚又無眉毛而能稱為男子的。人們還常說「少年兩道眉，臨老一付鬚」，這兩句話是說，一個人少年時的命運如何，要看眉毛；而晚年運氣怎麼樣，則以看鬍鬚為主。但是也有例外，臉面呈紫氣，即使沒有鬍鬚，地位也會高貴；兩腮突露者，就算鬍鬚稀少，也能夠聲名顯達；郭子儀雖然鬍鬚稀疏，卻位極人臣，名滿天下；霍去病雖然沒有鬍鬚，只是一副寡臉，卻功高蓋世。但這種情況，不過只是偶然碰到，畢竟有鬍鬚、有眉毛的人，占百分之九十以上。

看人看鬚眉。在最初時，有人認為此舉可笑，鬍鬚和眉毛這等生理學上講的皮膚衍生物，可以用來鑑別人才嗎？如果成立，不是要滑天下之大稽，指甲、汗毛等皆可以用來鑑別人才了嗎？如果說古人錯了，內聖外王的曾國藩也一定能想到，但他對此隻字未提，而承繼了前人的說法，想來中間一定有他的道理。

古人以留長鬚為美事。蘇東坡有一嘴鬍鬚，以至於宋神宗有時會稱他蘇大鬍子。其他有「美髯公」之稱的人也不少，三國時的關羽、北宋水泊梁山上的朱仝都如此。

鬍鬚和眉毛是古人「丈夫氣概」的標誌，故無鬚眉不足以稱男子。從古代醫學來看，鬚屬腎，腎屬水，性陰柔而近水，故下長而宜垂；眉屬膽，膽屬火，性陽剛而近火，故上生而宜昂。古人認為，「鬚」是山上松柏，象徵一個人的生命力，故可顯示其強弱。鬍鬚漂亮光潔，一塵不染，生命力強旺；枯黃稀落，昏暗晦滯，生命力就虛弱衰亡。

從審美觀來看，眉以疏朗、細平、秀美、修長、滋潤為佳，形如一彎新月。如果眉毛細軟、平直、寬長，象徵著一個人聰明、尊貴，身健體康而長壽。如果眉毛粗硬、濃密、散亂、促生攢縮的，象徵一個人愚頑，身體不健康。因此，眉有日月之華彩、山巒之花木的作用。一個人的健康、個性、秀美、聰明、威嚴都透過眉毛來顯示，進而可以判斷其成就高低、事業成敗。眉毛生得好的，顯得英俊秀挺、聰明伶俐，能給人留下睿智、聰明的深刻印象。

為什麼曾國藩說一個人的晚運和鬍鬚有關係呢？其原因大概是這樣的，大凡鬍鬚豐滿美麗者，是因為腎水旺、腎功能強。而腎旺是一個人身體健康和精力旺盛的重要原因和必不可少的條件。身體健康，精力旺盛，意志力常常也很堅定，工作起來得心應手。經過日積月累，到了中晚年，事業就有所成。再者，在傳統社會中，以多子多孫為貴。腎是生命系統的根本，腎水旺，腎功能強，自然容易多子，多子就容易多孫，而多子多孫意味著多福，至少當時的人這麼認為。所以說「鬚主晚運」。

人的眉毛、鬍鬚都只是人體毛髮這個整體中的兩個部分。既然是整體中的各個部分，那就應該相顧相稱，均衡和諧。眉雖主早成，仍要鬚苗大豐美，否則難以為繼，不能善始善終，即便有成，也怕是維持不了多久。再說，眉強鬚弱，畢竟有失勻稱，有損形象，「其貌不揚」就這樣形成了。鬍鬚雖主一個人的老來運氣，但還需要得到眉毛的照應。不然，就如同久旱的秧苗，遲遲才有雨露澆灌滋潤，其果實也不會豐滿。總之，陰陽須和諧，鬚眉要相稱。

在很多場合，人的眉毛所傳遞的資訊也是豐富多彩的。據說日本有一群專演影視配角的團體，其中有一名演員，他以剃光眉毛為特徵而做出的表情，頗受觀眾歡迎。

關於眉毛所表現的身體語言基本上有五種形態，第一是表現恐懼，驚嚇的眉毛上聳型，第二是表現憤怒的眉角拉下型，第三是困窘不愉快時，表現不贊成意思的眉毛併攏型，第四為做出詢問表情的斜彎型，第五則是充滿親切，表示同意時的迅速上下動作型。

將這些形態加以各種組合、做出變化時，其數量之多令人吃驚。某心理學家曾經請一位著名演員進行實驗，發現單憑眉毛動作，便能演出十種以上的表情。無怪乎識人學上稱「看眉毛見人心」，實非無稽之談。

從眉毛變化看他人的心態，主要有以下幾方面。

- 雙眉上揚，表示非常欣喜或極度驚訝。
- 單眉上揚，表示不理解、有疑問。
- 皺起眉頭，或表示陷入困境，或代表拒絕、不贊成。
- 眉毛迅速上下活動，說明他的心情愉快，內心贊同或對你表示親切。
- 眉毛倒豎、眉角下拉，說明他極端憤怒或異常氣惱。
- 眉毛完全抬高，表示「難以置信」。

- 眉毛半抬高，表示「大吃一驚」。
- 眉毛正常，表示「不作評論」。
- 眉毛半降低，表示「大惑不解」。
- 眉毛全部降下，表示「怒不可遏」。
- 眉頭緊鎖，表示這是個內心憂慮或猶豫不決的人。
- 眉梢上揚，表示是個喜形於色的人。
- 眉心舒展，表明其人心情舒暢。

所以，我們總是可以透過觀察眉毛的變化來瞭解人的內心活動以及人的一些性格。

眉為君，目為臣

眉尚彩，彩者，梢處反光也。貴人有三層彩，有一二層者。所謂「文明氣象」，宜疏爽不宜凝滯。一望有乘風翔舞之勢，上也；如潑墨者，最下。倒豎者，上也；下垂者，最下。長有起伏，短有神氣；濃忌浮光，淡忌枯索。如劍者掌兵權，如帚者赴法場。個中亦有徵範，不可不辨。但如壓眼不利，散亂多憂，細而帶媚，粗而無文，是最下乘。

眉崇尚光彩，而所謂的光彩，就是眉毛梢部閃現出的亮光。富貴的人，他眉毛的根處、中處、梢處共有三層光彩，當然有的只有兩層，有的只有一層，通常所說的「文明氣象」指的就是眉毛要疏密有致、清秀潤朗，不要厚重呆板，又濃又密。遠遠望去，像兩隻鳳在乘風翱翔，如一對龍在乘風飛舞，這就是上佳的眉相。如果像一團散浸的墨汁，則是最下等的眉相。雙眉倒豎，呈倒八字形，是好的眉相。眉下垂，呈八字形，是下等的相。眉毛如果比較長，就得要有起伏；如果比較短，就應該昂然有神；眉毛如果濃，不應該有虛浮的光；眉毛如果淡，切忌形狀像一條乾枯的繩子。雙眉如果像兩把鋒利的寶劍，必將成為統領三軍的將帥；如果像兩把破舊的掃帚，則會有殺身之禍。另外，這裡還有其他的跡象和徵兆，不可不認真地加以辨識。但是，如果眉毛過長並壓迫著雙眼，使目光顯得遲滯不利；眉毛散亂無序，使目光顯得憂勞無神；眉形過於纖細並帶有媚態，眉形過於粗闊，使其沒有文秀之氣，這些都是屬於最下等的眉相。

古代醫家論眉言：「眉為兩目之華蓋，實為一面之威儀，乃日月之英華，主賢愚辨別。」眉之重要性，亦不容忽視。

古人曾將眉毛分為清秀眉、新月眉……等類，茲舉常見的數點分述如下：

清秀眉：這種眉再配上丹鳳眼真是「眉清目秀」，貴不可言。這種人具大才，愛情專一，是女孩子擇偶的好對象。

新月眉：純情、明朗、快活。女人具有這種眉，溫柔多情，是男士追求的好對象。

柳葉眉：這種人骨肉情疏，但對朋友卻很情篤。

八字眉：這種人陷於悲觀，而且是個愛情不專的人。相法謂：「眉分八字，貪花柳」。

一字眉：這種人固執、獨斷、自尊心極強。

虎眉：性野，勇而無謀，果敢逞強。

鬼眉：眉毛粗而闊，人面獸心，占有欲特強。

間斷眉：兄弟無緣，薄情，這是凶相。

交加眉：毛交叉相錯，貧賤伶仃之相，有這種眉毛的人，一定是傾家蕩產的敗家子。

古人對眉毛有四條要求：

有勢，即「彎長有勢」；

有神，即「昂揚有神」；

有氣，即「疏爽有氣」；

有光，即「秀潤有光」。

彎長有勢之眉

「一望有乘風翺翔之勢」，這種眉，乃是勢、光、神、氣四美兼具之眉。疏爽之至，清秀之極，即便不能富貴福壽俱全，至少也能占其一二。即使不能「立德、立功、立言」三「不朽」全占，也能據其一項，所以這種眉毛是上佳的眉相。遠遠望去，如龍鳳在乘風翱翔飛舞。所以，有此眉相的人大富大貴，祿厚壽長。如龍眉、劍眉、新月眉就屬於此上等眉相。

潑墨，就是形同倒在地上的墨跡，其形當然是亂七八糟、醜陋不堪的。鬼眉、尖刀眉、掃帚眉的表象也是渙漫散亂的，就如同「潑墨」般難看。

「倒豎」之眉，指眉相成倒八字，主人性格剛毅，有遠大抱負，並且勇於進取，具備了成就大業的所有心理特質，當然容易成功，屬「上也」。但萬物都有其限度，過則不美。這種眉如過於飛揚無度，使眼顯得低陷無氣，則多為好高騖遠、心比天高之徒，小事不願做，大事又做不了，終無所成。

「下垂」之眉，就是眉相形同「八」字，這種人性格懦弱，為人卑劣。多是行為猥瑣，貧賤低下之人。所以謂之「最下」。

昂揚有神之眉

「長有起伏」，指眉粗清秀有起伏。主人性格穩健，清貴高雅。有這種眉相的人，既能享受富貴，而且壽命也長；相反的，如果眉毛過長卻沒有起伏，直得像箭一樣，則為人脾氣火爆、逞強鬥狠。

「短有神氣」，「短」是指眉毛相對於面部而顯得較短，前面的「長」也是指眉毛相對面部而顯得較長，眉毛短又缺乏神氣，就使眉相顯得急促又露肉，醜陋又單薄；相反的，如果「短而有神氣」，那麼，眉毛短的缺陷就可以由神氣來補救，這就是常說的以神補形。

疏爽有氣之眉

人體毛髮的蛻變，即由多變少，由濁變清，這是人類由茹毛飲血的野蠻時代進化到文明階段的標誌。也是所謂文明氣象最顯著的特徵之一。既為文明時代的人，就應該有頗具文明氣象的雙眉，其眉毛「宜疏爽不宜凝滯」。這裡的「疏爽」就是「清秀」的表徵，而「凝滯」則是「俗濁」的表徵。人的眉毛要有文明氣象，首先，就要「疏爽」。

疏爽和凝滯，有兩種情況，一是眉自身或為疏爽或為凝滯。二是兩眉之間的關係或為疏爽或為凝滯。前者如龍眉、輕清眉、柳葉眉、臥蠶眉、新月眉、清秀眉等，為疏爽；而掃帚眉、小掃帚眉、鬼眉等則為凝滯。後者如龍眉、劍眉、輕清眉、清秀眉等為兩眉之間關係疏爽；而交加眉、八字眉等，則是兩眉之間關係凝滯。

秀潤有光之眉

一個人的眉毛若能有光彩，就如同珠寶熠熠生輝；如果黯然失色，好比珠寶年久無輝。而所謂「光」就是本章所強調的彩，所以在本章開門見山地提出「眉尚彩」。

毛髮有亮光，是一個人生命力的顯現和標誌，年輕人的毛髮通常都很光潤明亮，老年人的毛髮，卻多是乾枯無光，原因就是前者的生命力比後者的生命力要旺盛得多。鳥獸的羽毛在末梢處都能顯示其光亮。特別是珍禽異獸，比如虎豹、孔雀之類，更是光彩照人，鮮豔奪目。似乎動物皮毛的光亮，也能顯示其在動物中的位置和層次。

眉語

當人們心情變化時，眉毛的形狀也會跟著改變。眉宇之間的一些資訊能透露人們解決問題的方法、關注細節的持久度，以及是否能夠做到「實話實說」等。

美國社會心理學家琳・克拉森被人們稱為「讀臉專家」，她考察了性格和面部神情的關係，並進行大量相關的試驗，結果發現，人們很難隱藏或改變面部的細微變化，而這些變化最能透露我們的所思所想。

克拉森表示，眉毛最能表露一個人的心理，當眉毛向下靠近眼睛的時候，表示他對周圍的人更熱情、更願意與人接近；而眉毛上挑，則表示這個人需要尊重，需要更多時間適應現在的場合，「如果你遇到的人將眉毛向上挑，此時不要靠他太近，可以先與他握手，讓對方主動靠近你，以免讓他感覺不舒服。」

眉毛的性格語言，大致有以下五種：

揚眉

當人的某種冤仇得到伸張時，人們常用「揚眉吐氣」一詞來形容這時的心情。當眉毛揚起時，會略向外分開，造成眉間皮膚的伸展，使短而垂直的皺紋拉平，同時整個前額的皮膚擠緊向上，造成水平方向的長條皺紋。揚眉這個動作，能擴大視野，但同時也要知道，一個眉毛高挑的人，正是想逃離庸俗世事的人，通常會認為這是自炫高深的傲慢表現，而稱為「高眉毛」。

當一個人雙眉上揚時，表示非常欣喜或極度驚訝，單眉上揚時，表示對別人所說的話、做的事不理解、有疑問。當人們面臨某種恐懼的事件時，可以用皺眉來保護眼睛，也可以用揚眉來擴大視野，兩者都對我們有利，但我們只能選擇其一。一般的反應是：

面臨威脅時，犧牲擴大視野的好處，皺眉以保護眼睛；危機減弱時，則會犧牲對眼睛的保護，揚眉以看清周圍的環境。根據眉毛的變化方式，你可以判斷出對方當下的感受。

皺眉

皺眉的情形包括防護性和侵略性兩種。防護性的皺眉只是保護眼睛免受外來的傷害。但是光皺眉還不行，還需將眼睛下面的面頰往上擠，眼睛仍睜開注意外界動靜。這種上下擠壓的形式，是面臨外界攻擊、突遇強光照射、強烈情緒反應時典型的退避反應。至於侵略性的皺眉，其基點仍是出於防禦，是擔心自己侵略性的情緒會激起對方的反擊，與自衛有關。真正侵略性眼光應該是瞪眼直視、毫不皺眉的。最常見的皺眉，往往被理解為厭煩、反感、不同意等情形。

聳眉

聳眉指眉毛先揚起，停留片刻，然後再下降。聳眉與眉毛閃動的區別就在那片刻的停留。聳眉還經常伴隨著嘴角迅速而短暫地往下一撇，臉的其他部位沒有任何動作。聳眉所牽動的嘴形是憂傷的，有時它表示的是一種不愉快的驚奇，有時它表示的是一種無可奈何的樣子，此外，人們在熱烈地談話時，會做一些小動作來強調他所說的話，當他講到重要處時，也會不斷地聳眉。

斜挑

斜挑是兩條眉毛中的一條向下降低，一條向上揚起，這種無聲語言，較多在成年男子臉上看到。眉毛斜挑所傳達的資訊介於揚眉與皺眉之間，半邊臉顯得激越，半邊臉顯得恐懼。揚起的那條眉毛就像提出了一個問號，反映了眉毛斜挑者那種懷疑的心理。

閃動

眉毛閃動，是指眉毛先上揚，然後在瞬間再下降，像流星劃過天際，動作敏捷。眉毛閃動的動作，是全世界人類所通用，表示歡迎的信號，是一種友善的行為。當兩位久別重逢的老朋友相見的一剎那，往往會出現這種動作，而且常會伴隨著揚頭和微笑。但是在握手、親吻和擁抱等密切接觸的時候很少出現。眉毛閃動除了作為歡迎的信號外，如果出現在對話裡，則表示加強語氣。每當說話者要強調某一個詞語時，眉毛就會很自然地揚起並瞬即落下。

總之，眉毛雖然也只是人面部一個很小的部分，有人的眉毛甚至不是十分的明顯，但作用卻很大，它的一動一靜，就在無形中透露了你的心境，如果要不想讓別人太看透你，那麼你就得讓自己的心態再老成一點，最好能處變不驚，但儘管這樣，也不能完全阻止對方發現你的心境；當然，我們可以利用這個小部位的舉動，幫助我們成為一個不平凡的人。

觀人之鬍鬚

鬚有多寡，取其與眉相稱。多者，宜清、宜疏、宜縮、宜參差不齊；少者，宜光、宜健、宜圓、宜有情照顧。捲如螺紋，聰明豁達；長如解索，風流榮顯；勁如張戟，位高權重；亮若銀條，早登廊廟，皆官途大器。紫鬚劍眉，聲音洪壯；蓬然虯亂，嘗見耳後，配以神骨清奇，不千里封侯，亦十年拜相。他如「輔鬚先長終不利」、「人中不見一世窮」、「鼻毛接鬚多晦滯」、「短髭遮口餓終身」，此其顯而可見者耳。

鬍鬚，有的人多，有的人少，無論是多還是少，都要與眉毛相和諧，相匹配。鬍鬚多的應該清秀流暢，疏爽明朗，不直不硬，並且長短分明有致；鬍鬚少的，就要潤澤光亮，剛健挺直，氣韻十足，並與其他部位相互照應。鬍鬚如果像螺絲一樣的彎曲，這人一定聰明，目光高遠，豁然大度；鬍鬚細長的，像磨損的繩子一樣到處是細彎小曲，這種人生性風流倜儻，卻沒有淫亂之心，將來一定能名高位顯。鬍鬚剛勁有力，如一把張開的利戟，這種人將來一定當大官，掌重權；故鬚清新明朗，像閃閃發光的銀條，這種人年紀輕輕就為朝中大臣。以上這些都是宦途官場上大材大器的人物。如果人的鬍鬚是紫色，眉毛如利劍，聲音洪亮粗壯，鬍鬚像虯那樣蓬鬆勁挺散亂，而且有時還長到耳朵後邊去，這樣的鬍鬚，再有一副清爽和英俊的骨骼與精神，即使封不了千里之侯，也能當十年的宰相。其他的鬍鬚，如輔鬚先長出來，終究沒有好處；人中沒有鬍鬚，一輩子受苦受窮；鼻毛連接鬍鬚，命運不順利，前景黯然；短髭長大而遮住了嘴，一輩子忍饑挨餓等。這些鬍鬚的凶象，是顯而易見的。

曾國藩對鬍鬚的要求有相稱與相合這一原則。相稱，指形體各部位之間相互顧盼，相互協調，顯得勻稱、均衡，使整個形體呈完美之相。相稱為有成之相，反之則為無成之相。相合，指合五行形局，若合五行正局則為上相，反之則為下相。「金不嫌方，木不嫌瘦，水不嫌肥，土不嫌矮」等，均合五正局，為上相。

人的鬍鬚，有的人多，有的人少，鬍鬚的多少與鬚相的好壞沒有因果關係，也沒有正比例或反比例的關係，不管多與少，都必須和眉毛相稱。也就是說，加入眉毛多，鬍鬚也要多；眉毛少，鬍鬚也要少。只有這樣，才稱得上是佳。為什麼鬍鬚的多或少，「鬚相」的有成與無成，和眉毛的關係這麼大呢？因為眉毛和鬍鬚對於人來講屬於同類，都是人體的毛髮，此其一也；鬍鬚和眉毛同位於人的臉部，都是面部的重要組成部分（當然是專指男性），此其二也；第三則是取其水火既濟或水火未濟之義，也就是鬍鬚和眉毛相稱為既濟，不相稱為未濟，既濟是上相，未濟是下相。

多者要「清」，「清」就是清秀、清朗、清雅、清爽，就是不濁、不亂、不俗、不醜。要「疏」，「疏」就是疏落、疏散、疏朗，就是不叢雜、不淤塞。要「縮」，「縮」就是彎曲得當，不直、不硬。要「參差不齊」，就是有長有短，長短配合得當，錯雜有致，不要整齊劃一，截如板刷。這種多而清、疏、縮、參差不齊的鬚相，不管眉毛的多或少，都能和眉毛相稱。若眉毛多，這種鬚相可與之形成一定的反差，若眉「少」，這種鬚相則可從「神」上與之協調一致。因此說，「多者，宜清，宜疏，宜縮，宜參差不齊」。

「少者」要「光」，「光」就是不枯、不澀，就是潤澤、光亮。要「健」，「健」就是不萎、不弱、不寒不薄，就是要剛勁、康健、堅挺。要「圓」，「圓」就是不呆、不滯、不死板，就是要圓潤、生動、飄然。

在上文已說過，眉毛的四個條件就是彎長有勢、昂揚有神、疏爽有氣、秀潤有光，其中的彎長、昂揚、疏爽、秀潤是因主體的不同而提出的具體要求和標準。也就是說，眉毛長要「彎長」，眉毛短要「昂揚」，眉毛濃要「疏爽」，眉毛淡要「秀潤」，而「有勢、有神、有氣、有光」則是對於人類各種各樣的眉毛的共同要求和通行標準。

曾國藩所稱道的上佳鬍鬚有六種：

第一種，「捲如螺紋」。指人的鬍鬚如同長江大河奔騰之勢，在轉彎或匯合處時激起的漩渦，即象其勢，有此鬍鬚的人高瞻遠矚、心胸寬廣、膽識過人。所以說其人「聰明豁達」。

第二種，「長如解索」。指人的鬚相如同江河之水源遠流長，波濤起伏，又如破裂之繩，索身多小曲，即象其形。有此人愛美好色、風流倜儻卻不淫亂，所以說其人「風流顯榮」。

第三種，「勁如張戟」。是指鬚相如兩軍對陣時劍拔弩張之氣勢，有這種鬚相的人，有魄力、有膽識、有作為，必能成大器，所以說這樣的人「位高權重」。

第四種，「亮若銀條」。是指鬚相如生命初成，生命力旺盛，氣色潤朗，一片生機，即象其氣。這樣的鬚相，主人文秀多才，超凡脫俗，所以說其人「早登廊廟」。

當然，這四種鬚相不一定能決定某人「聰明豁達」、「風流顯榮」、「權重位高」、「早登廊廟」，但至少有一點可以肯定，這四種鬚相都是身體健康的表現，其原因是中國醫學認為鬚相上佳，代表精力充沛。

第五種，「紫鬚劍眉，聲音洪壯」。這樣的配合叫金形得金局。

第六種，「蓬然虯亂，嘗見耳後」，是氣宇軒昂、威德兼具之相。此兩者本為佳相，如能配清奇的神和骨，亂世可成霸才，治世能為良將。

成語「司馬昭之心，路人皆知」，指的是三國末期司馬懿的兒子司馬昭，要奪曹魏政權為己的野心。司馬昭這個人很厲害，識人也有一手。他有一個得力助手，叫魏舒。

魏舒年少時，遲鈍質樸，不愛講話，鄉里人都不看好他。他叔叔魏衡，有名當世，也不看好他，讓他去守水磨房。魏舒口不能言，但不以為意，也不因此自棄或報復、心懷別念。唯有太原王義認為魏舒是個人才，經常鼓勵他，並救濟許多錢財，魏舒也不推辭。到四十歲，仍不得顯揚才華，只為別人做點參謀工作。後因機緣，他以湊數的身分參加一個會議，魏舒容範閑雅，娓娓而論，舉座皆驚。

時人推薦他到司馬昭處，一談，司馬昭「深器重之」，拜為相國參軍，裡外小事，還不見其才華，凡有興廢大事，眾人不能處理的，魏舒卻能理得清清楚楚，斷得明明白白，見解多出眾人之上。於是時人共服。據傳，魏舒的鬍鬚就不多，但是有「光、健」的特點。他四十開外，還給人當參謀，如非大氣在胸中，大器晚成，也許早已心灰意冷、聊度一生了。

第六卷

以音觀識，以聲觀形——聲音鑑

聞其聲，聽其音，知其人

人之聲音，猶天地之氣，輕清上浮，重濁下墜。始於丹田，發於喉，轉於舌，辨於齒，出於唇，實與五音相配。取其自成一家，不必一一合調，聞聲相思，其人斯在，寧必一見決英雄哉！

人的聲音，跟天地之間的陰陽五行之氣一樣，也有清濁之分，清者輕而上揚，濁者重而下墜。聲音起始於丹田，在喉頭發出聲響，至舌頭那裡發生轉化，在牙齒那裡發生清濁之變，最後經由嘴唇發出去，這一切都與宮、商、角、徵、羽五音密切配合。識人的時候，聽人的聲音，要去辨識其獨具一格之處，不一定完全與五音相符合，但是只要聽到聲音就要想到這個人，這樣就會聞其聲而知其人，所以不一定見到他的廬山真面目才能看出他究竟是個英才還是庸才。

常言道，聽話聽音。透過人們發出的不同聲音，說出的不同話語來識人，是一種不可或缺的方法。正直的人說出的話句句實在，良藥苦口；邪惡的人說出的話語氣苛刻，話中帶刺；小人說的話則笑裡藏刀，搬弄是非。所以說「良言一句三冬暖，惡語一句六月寒」。

人的聲音各不相同。聲音不僅在一定程度上表現著一個人的健康狀況，也在一定程度上表現著一個人的品行。語言，它作為人們交流資訊、傳情達意的重要手段，所表達的意義是透過人們對其發音器官的有意識控制和使用而表現出來的。這種控制和使用的重要物件便是說話的聲和氣。

有人對觀聲識人的情況加以總結歸納，得出了一些規律：在正式場合中發言或演講的人，開始時就清喉嚨者，多數人是由於緊張或不安。說話時不斷清喉嚨，是變聲調的人，可能還有某種焦慮；有的人清嗓子，則是因為他對問題仍遲疑不決，需要繼續考慮。有這種行為的男人比女人多，成人比兒童多。兒童緊張時總是結結巴巴，或吞吞吐吐地說：「嗯」、「啊」，也有的總喜歡習慣性地反覆說：「你知道……」。故意清喉嚨則是對別人的警告，表達一種不滿的情緒，意思是說如果你再不聽話，我可要不客氣了。口哨聲有時是瀟灑或處之泰然的表示，但有的人會以此來虛張聲勢，掩飾內心的惴惴不安。

這些聲音你能判斷準確嗎？

「嗯。」：表明知道了；

「喔！」：表明感到驚奇；

「喔？」：表明心存疑問；

「好的，照著辦吧！」：表明完全接受；

「好，以後再說吧！」：表明不肯接受；

「好，再研究研究。」：表明原則同意，辦法還需討論；

「好的，你聽我回音。」：表明願意幫忙；

「好的，我替你留意。」：表明沒有把握；

「好的，我替你想辦法。」：表明肯負幾分責任。

現代生物學和物理學已經證明，聲音的生理基礎由肺、氣管，喉頭、聲帶，口腔、鼻腔所構成，聲音發生的動力是肺，肺決定氣流量的大小，音量的大小主要由喉頭和聲帶構成的顫動體系決定，音色主要取決於由口腔和鼻腔構成的共鳴器系統。聲音是物體震動空氣而形成的，聲音是聽覺器官——耳的感覺。

聲音音量有大小之分，音色有美異之別，另有音高、音長之分。人類的聲音，由於人與人不同，健康狀況不同，生存環境不同，先天稟賦不同，後天修養不同等而有很大的差異，所以聲音不僅在一定程度上表現著一個人的健康狀況，而且還在一定程度上表現著一個人的文化品格——雅與俗、智與愚、貴與賤、富與貧。既然如此，那麼聲音便與人過去和現在的生存狀況，以及未來的生存前景有一定關聯。但是如果說聲音能夠決定人的一切，則未免虛妄不實。

成功的歌唱家，一般都有苦學苦練的經歷，但是如果天賦不高，單靠苦學苦練，是不會成為歌唱家的，不過聲音對人生存的意義不能過分誇大。不少社會名流人物，其講話、演說的聲音，實在不敢恭敬，而其才氣不能不令人高挑大拇指。

據《三國典略》記載，五代後魏末期，江蘇一帶有位盲人能聽聲氣識人。有一天，他被人帶到北方，當時的渤海王高澄想證實一下這個盲人的識人能力。於是他召集了高洋、趙道德、劉桃枝等幾位手下，自己也混跡其中，讓盲人分辨。聽了趙道德的聲音，盲人說：「此人為貴人。」聽了高洋的聲音，盲人說：「此人當為人主。」聽了劉桃枝的聲音，盲人說：「當代王侯將相皆死於其手。但此人只是一個鷹犬，不過是受人指使而已。」聽了高澄的聲音，盲人無動於衷。有人私下用手指掐他，提醒他注意。盲人沒有辦法，撒了個謊，說高澄幾年後也應當為國王。高澄聽了，頓時狂傲地說：「我這一幫家奴都大富大貴，何況我呢！」後來，由於劉桃枝誣告朝廷有人謀反，後齊諸王大臣多被賜死，高澄竟被其廚房的伙夫所殺，其弟高洋禪位，為北齊文宣王。盲人僅憑聲音就能斷人吉凶福禍，並且這般應驗，不能不令人在驚奇之餘產生深深的懷疑。

透過聲音來識人

聲音辨人是指透過聲音來識別人才。淺層的理解，是指聽到一個人的聲音（不僅僅是說話的聲音，也包括腳步聲、笑聲等），就能知道他是誰。前提必須是對此人的聲音很熟悉，一般在朋友、親人之間才能辨別，這只是辨別人的身分。高層次的理解，是由聲音聽出一個人的心性品德、身高體重、學歷身分、職業愛好等。

這是一個很複雜的判斷過程，既有經驗的積累，又有靈感的湧動。聲音可細分為聲與音兩個概念，既可由聲來識人，又可由音來識人，但在實際運用中，多是由聲音即兩者同時來識別人。

鄭子產一次外出巡察，突然聽到山那邊傳來婦女的悲慟哭聲。隨從們轉視子產，聽候他的命令，準備救助，不料子產卻命令他們立刻拘捕那名女子。隨從不敢多言，遵令而行，逮捕了那位女子，當時她正在墳前哀哭亡夫。人生有三大悲：少年喪父、中年喪大、老年喪子，可見該女子的可憐。以鄭子產的英明，不會對此婦動粗，其中緣由，是因為鄭子產的聞聲辨人之術。鄭子產解釋說，那婦人的哭聲，沒有哀慟之情，反蓄恐懼之意，故疑其中有詐。審問的結果，果然是婦女與人通姦，因而謀害了親夫。

鄭子產聞聲辨人的技巧已很高明了，是今天再難重現的古士高風，非常人之資賦，所以流傳後世。

以上是由聲音來辨別一個人的心事，還可由聲音判斷一個人的心胸、職業、志向等情況。心胸寬廣、志向遠大的人，聲音有平和廣遠之志，而且聲清氣壯，有雄渾沉重之勢。身短聲雄的人，自然不可小視。從身材來看，身高的，由於丹田距聲帶、共鳴腔遠，氣息衝擊的距離加長，力量弱化，因此聲音顯得細弱，振盪輕；身矮的，往往聲氣十足，因為距離短，氣息衝擊力大，聲帶與共鳴腔易於打開。但受過發聲練習的人，又另當別論。

而且，人的聲音，由於健康狀況、生存環境、先天稟賦、後天修養等不同而不同。所以聲音不僅在一定程度上表現著一個人的健康狀況，而且還在一定程度上表現著一個人的文化品格——雅與俗、智與愚、貴與賤（這裡指人格修養）、富與貧。

聽其聲，識其人

聲與音不同。聲主「張」，尋發處見；音主「斂」，尋歇處見。辨聲之法，必辨喜怒哀樂；喜如折竹，怒如陰雷起地，哀如石擊薄冰，樂如雪舞風前，大概以「輕清」為上。聲雄者，如鐘則貴，如鑼則賤；聲雌者，如雉鳴則貴，如蛙鳴則賤。遠聽聲雄，近聽悠揚，起若乘風，止如拍琴，上上。「大言不張唇，細言不露齒」，上也。出而不返，荒郊牛鳴；急而不達，深夜鼠嚼；或字句相聯，喋喋利口；或齒喉隔斷，喈喈混談：市井之夫，何足比較？

聲和音似乎是密不可分，實際上差別不小，是兩種不同的物質。聲產生於發音器官的啟動之時，是空氣振動之初的狀態，可以在發音器官啟動的時候聽到它；音產生於發音器官的閉合之時，是聲在空氣中傳播的渾響狀態，可以在發音器官閉合的時候感覺到它。

辨識聲相優劣高下的方法很多，但是一定要著重從感情的喜怒哀樂中去細加鑑別。欣喜之聲，宛如翠竹折斷，其情致清脆而悅耳；憤怒之聲，宛如平地一聲雷，其情致悲憤而強烈；悲哀之聲，宛如擊破薄冰，其情致破碎而淒切；歡樂之聲，宛如雪花在空中飄飄飛舞，其情致寧靜輕婉。它們都有一個共同的特點——輕揚而清朗，被列為上佳之口。如果是剛健激越的陽剛之聲，那麼，像鐘聲一樣洪亮沉雄，就高貴；像鑼聲一樣輕薄浮泛，就卑賤；如果是溫潤文秀的陰柔之聲，那麼，像雞鳴一樣清朗悠揚，就高貴；像蛙鳴一樣喧囂空洞，就卑賤。

遠遠聽去，剛健激越，充滿了陽剛之氣，而近處聽來，卻溫潤悠揚，充滿了陰柔之致，起的時候如乘風悄動，悅耳愉心；止的時候卻如琴師拍琴，雍容自如，這乃是聲中之最佳者。俗話說，「高聲暢言卻不大張其口，低聲細語牙齒卻含而不露」，這乃是聲中之較佳者。發出之後，散漫虛浮，缺乏餘韻，像荒郊曠野中的孤牛之鳴；急急切切，咯咯吱吱，斷續無節，像夜深人靜的時候老鼠在偷吃東西；說話的時候，一句緊接一句，語無倫次，沒完沒了，而且嘴快氣促；說話的時候，口齒不清，吞吞吐吐，含含糊糊，這幾種說話聲，都屬於市井之人的粗鄙俗陋之聲，有什麼地方值得跟以上各種聲相比呢？

人的聲音各有不同，有的洪亮，有的沙啞；有的尖細，有的粗重；有的薄如金屬之音，有的厚重如皮鼓之聲；有的清脆如玉珠落盤、字正腔圓，有的人身材矮小，聲音卻非常洪亮，即日常所說的「聲音若洪鐘」；有的人生得高大魁梧，說起話來卻細聲細氣，有氣無力。古人對這些情況加以總結歸納，得出了一些規律。

辨聲識人

辨聲識人，古本秘笈《靈山秘葉》中有四句話，很值得我們借鑑：

察其聲氣，而測其度；

視其聲華，而別其質；

聽其聲勢，而觀其力；

考其聲情，而推其徵。

這四句話中大有學問，中國古文微言大義的特點，由此可窺一斑。這三十二個字至少講明了這幾個問題：

一、由聲音中蘊含的氣充沛與否，可以測知他的氣概胸襟。

二、由聲音的音色音質協調悅耳與否，可以測知他的性情愛好與品德，這裡重在一個「和諧」，不以悅耳動聽為唯一標準。

三、由聲音的勢態，可以測知他的意志剛健與否，聲勢高壯的，其意志力必然堅強，聲勢虛弱的，缺少主見。

四、由聲音中所包含的感情，可以測知其當下的心情狀態，「如泣如訴」是一種，「如怨如慕」又是一種，「情辭慷慨，聲淚俱下」又是一種，此種分類，不一而足。

曾國藩在《冰鑑》中指出：「辨聲之法，必辨喜怒哀樂。」人的喜怒哀樂的確能在聲音中有所表現，即使人為的掩飾，也會有此特徵。前面鄭子產識別聲音就是很經典的例證，這是觀察人物內心世界的一個可行途徑。同時結合考察眼神、面色、說話態度的變化，真實度、準確性就會更高。

假如歡喜的聲音像青竹折裂時一樣清脆悅耳，有天然柔和協美之動感，這樣的聲音有自然淳樸之美，不虛飾、不造作，是真性情的坦率表露，自然大方，不俗不媚。

當憤怒時，突然爆發出來的洪亮響聲，如雷霆震於空中，擊在地上，氣勢豪壯，強勁有力，但以「陰」蓋頭，則沒有暴躁戾氣，反而呈容湧大度之態，不帶五雷轟頂之勢。

在哀慟時，聲音如同薄冰破碎時發出的聲音。薄冰雖然容易破碎，但聲音卻清脆響亮，不散不亂，不聒不噪，也不擾人耳力，雖然是悲愴苦楚之象，但有「發乎情，止乎禮」之勢。這樣的態度也是雍容華貴、無小家子氣的。

風舞雪飄，放眼望去，冰天雪原，玉樹瓊枝，山川大地，銀白世界，是何等的美妙。這已是古人見慣而今人再難欣賞到的冬日美景了。

高興時，借音樂伴舞，聲音如雪花漫舞之姿，輕而不狂，美而不淫，飄而不蕩，奔而不野，是天下至純至美的輕靈飄逸瀟灑態，又如女子臨池興舞，衣袂飄飄，長帶曳曳，美不勝情。

鐘響與鑼鳴，都屬於雄聲，即陽剛之聲，聲音粗壯，氣勢宏大。然而「鐘」聲洪亮沉雄，遠響四方，餘韻不絕，悅耳愉心，所以為「貴」；而「鑼」聲則聲裂音薄，荒漫沙嘶，餘韻全無，刺耳裂心，所以為「賤」。

雉鳴與蛙鳴，都屬於雌聲，即陰柔之聲，聲音輕細，如曠野聞笛。然而「雉」聲清越悠長，聲隨氣動，有頓有挫，抑抑揚揚，同樣悅耳動聽，所以為「貴」；而「蛙」聲則聒聒噪噪，喧囂嚎叫，聲氣爭出，外強內竭，同樣刺耳裂心，所以為「賤」。

遠聽聲雄：是說其聲有如山谷迴響，表明其心胸氣魄宏偉，賦情豪放。

近聽悠揚：是說其聲如笙管之婉轉，如春鳥翱翔，表明其人必神采飛揚，功名大就；

止如拍琴：表明其人必高雅沖淡，雍容自如。

以上皆為「聲」之最佳者，所以定為「上上」。

「大言不張唇」（嚴格地說，這是不可能的，應該是「大言卻不大張唇」）是謹慎持重、學識深厚、訓練有素的表現；「細言若無齒」，表明其必溫文爾雅、精爽簡當、成熟幹練。以上為「聲」之佳者，所以定為「上」。

荒郊曠野，一牛孤鳴，沉癖散漫，有聲無韻，粗魯愚妄之人，其「聲」大抵如此：夜深人靜，群鼠偷食，聲急口利，嚅嚅吱吱，「字句相連，喋喋利口」，足見其語無倫次，聲無抑揚，其人必幼稚淺薄，無所作為。

「齒喉隔斷，喈喈混談」，足見其吞吞吐吐，不知所云，其人必怯懦軟弱，一事無成。以上「聲」相，當然屬於下等。

聲之魅力

日本一位語言學者，對人的聲音作用進行了研究，認為聲音加神態等於魅力。

他寫道：我曾經到電視臺去參加評審工作，在電視臺的大廳中看到一大群既緊張又精神高昂、等待上電視節目的觀眾，到處都是鬧哄哄的嘈雜聲音；這時，我聽到了節目主持人某某的清晰聲音，這個清晰的聲音清楚地穿過這些噪音，並且有著震懾壓場的作用。這時，我恍然瞭解到，這聲音就是他仗以成名的利器啊！

他的音質優美，音量低沉而有力，充滿堂堂正正的氣象，再加上發音正確，咬字清晰，清楚的語尾音，這些都是他能擁有廣大忠實的電視觀眾之因，再說，他的外貌也非常瀟灑，這也是許多女性迷戀他的原因啊！

其實，單純地聽對方的聲音或經由對方的言談來加以判斷對方的性格，也是滿有趣的，很多計程車司機都有這種經驗。

「我是用背來聽顧客說話的，沒有看到顧客的外表神態，就可以知道顧客是否疲倦，或是否熱心於工作等……」這些話一點都不誇張。

情。

不同的聲音會給人不同的感受，經過心理學的調查，大致形成這四種類型：

第一，聲低而粗。這類人生活在現實裡，性格成熟瀟灑，較有適應力。

第二，聲音洪亮。表示此人精力充沛，具有藝術家氣質、有榮譽感、有品味、有熱情。

第三，講話的速度快。代表此人朝氣蓬勃，活力十足，性格外向。

第四，外帶語尾音。這種類型的人，精神高昂，有些女性化傾向，具備藝術家氣質。

以上這四種類型的聲音，不論在交易或說服的工作上，都具有較為正面的作用。同樣地，也會有產生負面作用的聲音，例如：第一，鼻音。大部分人都不喜歡這種聲音。第二，語音平板。較男性化，較沉默、內向、冷漠。第三，使人產生緊張壓迫的聲音。這類人很自傲，喜歡用武力解決事情。

好的聲音和談話技巧能提高說服力。那些說話音粗而低，說話速度快，尾音明亮的人能給聽眾一種「這人值得信任、積極、瀟灑、有領導才能」的印象。

當然，這也不能一概而論，什麼聲音好，也與談話的地點、對象、內容，有著直接的關係。

在舞場上，由於燈光較暗，加上光線閃爍等因素，舞伴們很少能看清對方，在這種情況下，聲音的優美就會產生很大的魅力。

由於聲音具有很大的魅力，在《上班族的身體語言》一書中，作者提到一個由於女人的聲音而把男性引入歧途的故事。

琳達是我所認識的，無論性格、幹勁，以及能力都相當突出的女性之一，是一位美國西岸知名的企業經營者。她瞭解自己的欲求，以令人驚訝的程度和明確的判斷力，盡心盡力去追求。這確實令人心驚，只要聽到她所講的話，就不難想像出一個競爭心旺盛、具備豐富的知識和洞察力的女性。

琳達外型修長，愛打扮，魅力四射。不過，當她一開口，便會呈現戲劇性的變化。這一位纖細而思慮深遠的女性，發出宛若少女銀鈴般尖銳的聲音，給人一種玩世不恭或不正常的印象。

「第一次聽到她說話時，」我的同事這樣告訴我。「我以為是剛剛踏入社會的女性。她想出售奧克蘭的一張辦公桌，而我希望擁有它。由於我太看輕她了，以致付出了比想像中還要多的金錢——我很生氣。」

「為什麼呢？」我問。

「有一種被欺騙的感覺。在孩子般的聲音背後隱藏著鋼鐵般的意志。我不想再有第二次交易。」

大約一年前，琳達對我說：「我也知道我的聲音有問題。但是，對我有好處。這能夠幫助我，讓與我進行交易的男性『解除武裝』。他們會保持著優越感，鬆馳警覺心，所以我才能夠達成我的企圖。」她略帶愁容地繼續說道：「但問題往往在害處一邊，我想加以改變。」「有什麼害處？」我問。她聳聳肩說：「和我進行交易的男性，在事後好像會有種被欺騙的感覺。也許有種某一種含義是如此，他們以聲音作為評判，而不是以我的能力。一旦發現我有才能，都覺得被我騙了。難道他們錯誤的判斷，就代表我不正直嗎？」

在某種含義上，我不得不承認這種結果，她的聲音會誤導男性走入歧途。所以，她想改變是聰明的做法，於是我為她介紹了一位高明的聲音訓練家。說明了詳細經過之後，這位曾經在好萊塢演戲的聲音訓練家點點頭說：「你的聲音，在交易過程中的確扮演了相當重要的角色。你知道蕭伯納的『窈窕淑女』這齣喜劇嗎？故事之中，比金斯教授把說話有土腔的賣花少女帶回家，根據她的聲音和說話的方式，把她訓練成為一位高貴的淑女。可見，聲音的確會表現出社會性。美國雖然沒有歐洲那麼嚴重，但就美國而言，依然很重要。你似乎沒做過這種聲音訓練吧！」

一年之後，我到西海岸旅行時遇見琳達。她的訓練非常成功，說話的聲音降低好幾個音階。「我學會從胸腔發聲的方法。」她好像引以為傲地，以低沉而清晰的聲音說。「除了聲音改善很多，其他還有什麼變化嗎？」「我的人生！」她笑著說。「這幾個月來，我在工作上有重大的突破。顧客回頭，還為我介紹新客戶。但是，我最高興的，莫過於交易對方的態度。現在，他們都懷著敬意和我接觸。」

她語重心長地繼續說：「真是不可思議。」「什麼不可思議？」「自從我降低音調來說話，變化太大了。以整體的工作來說，我比以前更有力量了。」琳達學會了具有威嚴的聲音、有權力的聲音。不是從鼻孔，而是經由胸腔發聲，降低聲調，速度也比平常緩慢一些。

有一次，我在中西部電視臺上班和一名男性交談。他負責新聞播報的工作，相當瞭解什麼才是真正「權威性的聲音」。「我很喜歡這個工作，」他說。「我認為自己的能力和容貌都很夠條件。想要在電視臺上工作，容貌當然重要。不過，音質更重要。我為了要掌握正確的音質，整整花了一個月的時間。」

我請教他到底是哪一種聲音，他稍微皺著眉頭說：「新聞播報員必須表現出威嚴，所以自然得降低聲調，從腹部發聲，調整速度，有時還需要注意抑揚頓挫。這樣，就能讓說話的方式產生韻味。」

聞聲辨思

生理學認為，聲音中上佳者，應是始發於「丹田」中的。丹田，在人身臍下三寸處（古之道家有上丹田、中丹田、下丹田之說，這兒屬其一）。發於丹田的聲音深雄厚重、韻致遠響，是腎水充沛的表現。腎水充沛，身體自然健康，能勝福貴，因而主人福貴壽全。

同時，這種丹田之氣充沛，丹田之聲洪亮悅耳，易引起共鳴效果，給人舒服渾厚的感覺。不好的聲音，則是那種發於喉頭，止於舌齒之間根基淺薄的聲音。這種聲音聲氣不足，給人虛弱衰頹之感覺，為腎水不足的表現。

《禮記》中曾談到內心與聲音的關係曰：「凡音之起，由人心生也。人心之動，物使之然也。感到物而動，故形於聲。聲相應，故生變。」對於一種事物由感而生，必然表現在聲音上。人外在的聲音隨著內心世界變化而變化，是外物使它那樣。

因為聲音會隨內心變化而變化，所以，一個人如果內心平靜時，聲音就會舒緩和順；一個人如果內心清順暢達時，聲音就會清亮和暢；一個人如果內心漸趨興盛之時，聲音就會偏激熱烈。

有關聞聲辨思這方面知識，《逸周書·視聽篇》有四點內容可供參考：第一，內心偽善的人，說話聲音緊張結結巴巴，這是心虛的表現；第二，內心誠信的人，說話聲音清脆而且節奏分明，這是坦然的表現；第三，內心卑鄙乖張的人，心懷鬼胎，因此聲音陰陽怪氣，非常刺耳；第四，內心寬宏柔和的人，說話聲音溫柔和緩，如細水長流，不緊不慢。

從聲氣中認識人

聲來自發音器官的啟動，可以在發音器官啟動的時候聽到它；音來自發音器官的閉合，可以在發音器官閉合的時候聽到它。辨別聲氣的方法，最重要的是辨別人抒發喜怒哀樂之情時聲的情狀。

人類的聲音包含各種要素。聲調是很重要的要素之一，大的聲音，同時也具有權力。發出很大的聲音，可以讓別人沉默下來。然而，小的聲音有時候更能發揮效果，這是因為人們會注意去聽的緣故。當然，聲大聲小都需要姿勢輔助，效果才更好。

發聲法對音質有很大的影響。若以鼻子產生共鳴，聲音像是如泣如訴，也會給人傲慢的印象。但是，如果是以胸腔來產生共鳴的話，發聲法亦隨之改變，變得豐富、強力，響度也夠。

講話的速度也影響到會話。說話速度太快的人，一方面容易給人好像有某種急事、戲劇性的事件或熱心投入的印象；另一方面會讓對方感覺焦躁、混亂以及些許的粗魯。說話緩慢的人，雖然給人深思熟慮、誠實的印象，但太慢也會變成猶豫不決或漫不經心，甚至還會呈現消極性的含義。無論是在戰場、商場上，還是別的什麼「場」上，領導從聲氣識人，都是很重要的。

和聲細氣者

人們在請求、詢問、安慰、陳述意見時常使用和聲細氣。它可以弘揚男性的文雅大度和女性的陰柔之美。尤其是在抒發情感時，和聲細氣的運用，更具有一種迷人的魅力。由於語音學中音素、音位的原理和人們說話時用聲用氣的心理狀態及規律的不同，和聲細氣，這種聲和氣宛如柔和的月光和涓涓的細流，由人的心底流出，輕鬆自然，和藹親切，不緊不慢，能給聽者以舒適、安逸、細膩、親密、友好、溫馨的感覺。和聲細氣地說話的男人，為人必定厚道、寬容、襟懷開闊；和聲細氣說話的女人，為人必定溫柔、善良、善解人意。

輕聲小氣者

輕聲小氣表現說話者的尊敬、謙恭、謹慎和文雅。在和別人交談時，可以縮短人與人之間的感情距離，密切雙方之間的關係。有時，它還能避免一些可能會招致的麻煩。但用它來公開堅持意見、反駁別人、維護正義和尊嚴或表示強調是不可取的。

高聲大氣者

高聲大氣是人們用來召喚、鼓動、說理、強調和表達自己激動心情的聲和氣。它可以表現說話者的激情和粗獷豪放的性格，通常用來表示極度的歡喜或慷慨激昂的情緒。

張飛是《三國演義》中群眾最喜愛的人物之一，他以粗豪、勇猛、爽直和堅貞的品質深深地吸引著歷代的讀者。這個人物說話聲音響如洪鐘，具有濃烈的草莽英雄氣質。從其外表便可以看到這一點，他：「身長八尺，豹頭環眼，燕頷虎鬚，聲若巨雷，勢如奔馬。」在長阪橋一役，曹操率眾軍追趕張飛。張飛立馬橋頭，圓睜環眼，厲聲大喝：

「我乃燕人張翼德也，誰敢與我決一死戰！」吼聲如雷，將曹軍部將夏侯傑驚得肝膽碎裂，倒跌於馬下，曹操便回馬而走。

這段有聲有色的傳奇故事，凸顯出張飛粗獷的草莽英雄氣質。

唉聲嘆氣者

這種人心理承受能力弱，自信心不強，缺乏勇氣，一旦遭到失敗，便灰心喪氣，沮喪頹唐，乃至一蹶不振。《孔子家語》中記載了這樣一段軼事。

孔子去齊國的途中聽到一陣十分悲哀的哭聲，他於是對弟子們說：「這個哭聲雖然很悲傷，但不是悼念死人的哀聲。」孔子隨後迅速向前走，遇到了那個哀哭的人。

孔子下車詢問他的名字，知道他叫丘吾子，孔子問道：「這裡不是悲哀的地方，你為什麼哭得這麼悲傷呢？」丘吾子長嘆一聲，回答說：「我一生有三大過錯，至今年老才深深覺悟到，但追悔莫及，因此痛哭。」

孔子不明白其話中的意思，便一再追問，丘吾子才說：「我少年時代愛好學習，周遊天下，等回來時我的父母都死了，作為一個兒子竟不能為父母養老送終，這是第一大過失。我做齊國臣子多年，齊君現在奢侈驕橫，我多次勸諫都不被採納，這是第二大過失。我生平交友無數，不料到後來都絕交了，這是第三大過失。樹欲靜而風不止，子欲養而親不在。去而不回的，是時間；不能再見到的，是父母。我是個大失敗者，還有什麼臉面活在這個世上？」說完，丘吾子便投水而死。

人到了這種悲傷而自殺的地步，他的哀情可想而知。而孔子從聲氣識別出丘吾子的哭聲不是為了死者，而是有其他的原因，足見孔子識人之能。

聽其音，識其人

音者，聲之餘也，與聲相去不遠，此則從細處曲中見直。貧賤者有聲無音，尖巧者有音無聲，所謂「禽無聲，獸無音」是也。凡人說話，是聲其散在左右前後者，是音。開談多含情，話終有餘響，不唯雅人，兼稱國士；口闊無溢出，舌尖無窕音，不唯實厚，兼獲名高。

音，是聲在空中傳播的餘波、餘韻。音跟聲差別並不大，但要從細微的地方才可以分辨出來。貧窮卑賤的人說話只有聲而無音，顯得粗野不文；圓滑尖巧的人說話則只有音而無聲，顯得虛飾做作。俗話說「鳥鳴無聲，獸叫無音」，指的就是這種情形。一般人說話，只不過是一種聲響散布在空中而已，並無音可言。如果說話的時候，一開口就情動於中，而音中飽含著情，到話說完了聲音在空中迴響，則是溫文爾雅的人，而且可以稱得上是社會名流。如果說話的時候，即使口闊嘴大，但聲氣不亂髮亂出，口齒靈俐，卻又不矯造輕佻。這不僅表明其人自身內在素養深厚，甚至還會獲得盛名隆譽。要區分聲與音，如果不是先在腦中存有了這個概念，實在是玄之又玄的事情。

聲與音的區別

聲是氣息衝擊聲帶，造成空氣振動而成的。這一刻氣息衝擊力強，是突發爆破式的，空氣受振頻率高，發音器官最緊張，因此效果強烈，聽著清晰有力，是一種張揚的狀態。

聲爆破產生之後，空氣受振動作用持續在空中傳播，由此而產生音。此時發聲器振頻已經減小，發音器官也已鬆弛。也就是說，音是聲在空中傳播的狀態，是聲的餘韻，餘音繞梁。音是一種持續的狀態。

音是聲在空中傳播的餘韻。音跟聲的差別並不大，只有從細微的地方才可以分辨得出來。猶如一口大鐘，用木棒敲擊，這時發出的響動是聲；嗡嗡作響，在空中傳播的是音。完好無損時與稍有裂口時的聲音有差別，裂紋越小，差別越小。兩口質地不一樣的鐘，聲音也有差別。由聲音來識別人物的心性能力，異曲同工。只因其中不可確定的因素太多，因此能掌握其中真諦的人少之又少。當然也不排除這種可能：區別聲與音，再用兩者去察人心性品質，本來就是荒唐之言，當然不可能有人會掌握其中的奧妙了。但聲音總能或多或少地反映出人的一些資訊來，因此有必要研究，也許正因為人們無法揭示其中的奧妙，所以可靠性、準確性不高。只要有一定的可行性，其中肯定有它未被人知的道理。

由於聲的振頻、強度不同，音在空中傳播的餘響效果會有一定程度的差異，這是音色的表現。音有音高、音長、音強、音色的差別，聲樂是專門研究這個問題的。

古人認為，貧賤者有聲無音，偽裝虛飾者有音無聲。這個論斷正確與否，值得推敲。有聲無音，就是說氣息衝擊聲帶，發出了聲響，但在空中沒有什麼餘響，相當於單調的聲音，沒有混響效果。有音無聲，指氣息衝擊聲帶，卻沒有發什麼聲音，僅在空中有餘響。這在聲學的角度上是講不通的。因此，僅憑聲音的高低悅啞，不與語氣、語勢、語義相結合，是不能夠正確鑑別人才的。聲音只是一個參數，不能也不可能單列出來，憑此一點斷人才性。

為了解釋上面的論斷，古人還用動物作類比，說「禽無聲、獸無音」。從事理來看，陽春三月，草長鶯飛，百鳥爭鳴，鶯語間關，燕聲呢喃，春雨婉柔，增天地美色。白鳥齊鳴，啁啁啾啾，這是悅耳動聽的聲音。但對行事立功的人來講，總覺得綿曼之氣有餘，豪邁雄壯之氣不足，這就是有音無聲的緣故。而荒山曠野，大漠草原，朔風勁草，叢林萬千。獅吼狼嗷，野獸出沒，森氣彌漫，驚駭突兀，雖然豪氣衝天，威猛肅殺，但卻是剛猛有餘，曲折婉轉之意不足，這是獸無音的緣故。用在人身上，有音無聲的傲氣不足、骨氣不足、剛氣不足，因此多為貧賤所困；有聲無音的婉轉不足、柔情不足、血性不足，因此多屬無情殘忍之輩。

人在講話的時候，聲音隨空氣振盪而向四方傳播，以正前方為資訊發射源。「開談多含情，話終有餘響」，這種話語談勢，古人認為是高人國士的風範。這怎麼理解呢？人以情為主，凡事多能兼顧情理，又不違背事理，這是一種處世的原則和標準，能兩兼其美的人當然可以得到大家的稱讚和擁護。曉之以情，動之以理，講的就是這個道理。這種人的話，普通老百姓愛聽，因為他們能從開口含情之中辨出情的真假，情緒的感染力在演講中是可以明顯感覺到的。講話完畢，餘音繞梁，盪氣迴腸，聽者心搖神馳，這種深入人心的效果是情緒感染力的極致狀態。有如此號召力的人，當然稱得上高人國士。

希特勒在第一次世界大戰之後，偶爾發現自己的聲音能感染人，因此開始了瘋狂的政治煽動活動。邱吉爾彷彿是上帝派來專門對付希特勒的，是他遏制住了希特勒的狂妄野心，他同樣有天生感染人的演講才能。是他的聲音，鼓舞英國人民度過了兩百年來最黑暗的一段日子，使英倫三島始終高高飄揚著米字旗。還有，法國的民族英雄戴高樂，也是一位天才的演說家，美國尼克森總統對他的評論：即使沒有學過法語也能懂得他講的意思。

除「開談多含情，話終有餘響」之外，對講話的要求還有「口闊無溢處，舌夾無窮音」。口闊無溢處，是指口雖大，但在講話時不漏風，先有聲，後傳音，聲氣相投，不散不亂，這是修養深厚者的講話狀態；反之，則是粗聲大氣，臉上濺珠，口中吐沫，這種形態的人自然難登大雅之堂。從江湖中衝殺出來的英雄豪傑，雖然身上野氣很重，但豪氣占了主導，雖帶有草莽氣，仍不失英雄本色。話又說回來，這種草莽江湖氣，會在事業一步步的拓展之中，隨著接觸的人物的增多、交際面的擴大漸漸收斂。雄才身上多了英氣，英才身上染有雄氣，如此方可稱雄天下。劉邦如此，趙匡胤如此，朱元璋也是如此。像水泊梁山，一百單八將，鼎盛時也算兵強馬壯，群賢畢至，但草莽氣太重，沒隨事業的拓展在文治上下功夫，又一心想被招安，最後終成不了氣候。

舌尖無窈音，是指雖然激情昂揚，但不口沫橫飛；雖流利靈巧，但不輕浮張狂。這種人不但才智敏捷，而且含蓄務實，厚重端莊，不但會得人幫助，事業有成，而且有很好的名聲。

「**開談多含情，話終有餘響。口闊無溢處，舌尖無窈音**」，是古人對國士高人講話狀態的描述。現代演講更是要求達到內容美、技巧美、語言美、風度美、服飾美和場景美的統。講話作為人們表情達意的一種最常見方式，在社會生活中具有積極的作用，在社會交流中具有特殊功能，同時也是識別人的一條途徑。

古時以聲音識人，按照現代的理解，就應該是以談吐講話識人。因為人嘴裡發出的音節都是有社會意義的詞語，而非雞鳴狗吠或龍吟虎嘯。所以，以「聲音」識人要結合話語的內容、神態語氣一起進行，才不至於偏頗。風度優雅、舉止瀟灑、談吐文雅、才思敏捷，無論古今，都是好的談吐之相；反之，誇誇其談、無病呻吟、張牙舞爪、口沫橫飛，這些姿態是令人厭惡的。

從音色中辨別人

音，是聲的餘波、餘韻。音跟聲相去並不遠，它們之間的差異從細微的地方還是可以聽出來的。

《人體科學》雜誌上說，人的聲音是氣流透過聲帶振動時發出的聲波。人體對聲波的感覺並不是沒有限度的，人的聽覺器官所能感受到的是頻率兩千赫茲到二十赫茲之間的聲波，低於二十赫茲和高於兩千赫茲的聲波是人無法感受到的。

人的聲音具有濃厚的感情色彩，能引起人複雜的心理效應。聲音的強弱、快慢、高低、純濁，都能顯示出異常複雜的情感。《靈山秘葉》中有這麼幾句話：「察其聲氣，而測其度；視其聲華，而別其質；聽其聲勢，而觀其力；考其聲情，而推其徵。」其中的聲氣，略同於聲學中的音量，透過聲氣粗細，察看人的氣度；聲勢相當於聲學中的音長，聲勢壯者，聲力必大；聲華相當於聲學中的音質音色，「聲華」質美，則其人性善品高；「聲情」相當於帶感情的聲音。

人有喜怒哀樂七情，在語音中必然有所表現，即「如泣如訴，如怨如慕」。因此，由音能辨人之「徵」。人的喜怒哀樂，必在音色中表現出來，即使人為極力掩飾和控制，仍會不由自主地有所流露。

因此，透過下列方式來觀察人的內心世界，是比較可行的方法：

凝重深沉者

這種人才高八斗、言辭雋永，對人情事理理解得深刻而準確，對社會、對他人較負責任，有一定的可靠性。但由於人情事理的複雜性，使這種人的能力得不到重用，抱負無法施展，如先秦時期的屈原。

鋒銳嚴厲者

這種人言辭鋒銳，愛好爭辯。談話時他一旦逮住對方語言的漏洞，就會毫不留情地反擊，讓對方無話可說。這種人看問題一針見血，眼光犀利，但由於急於找到並攻擊對方的弱點，因而忽略從總體上把握問題的關鍵，陷入捨本逐末、頂牛抬扛的處境而不能自拔。

剛毅堅強者

這種人辦事堅持原則，公正無私，是非分明，但是因原則性太強而顯得不善變通，讓人沒有商量的餘地。不過，他還是因為肯主持公道而得到了別人的尊敬。這種人在評判他人的價值時，不因個人恩怨而產生偏見，依然能做到公正無私，揚善除惡，光明磊落，實事求是，主持正義，揚善除惡。

圓通和緩者

這種人為人寬厚仁慈，性格宏度優雅，具有圓通性，對新事物持公正包容的態度。在語言上，圓通能使一個人在交往時顯得溫和可愛，具有柔和的言辭和態度，不喜歡進行爭論，怕傷了和氣。擁有這種才能的人，總是「入鄉隨俗」，不在別人面前大露稜角，舉止、言語無不八面玲瓏。這種人可以從事任何職業，因為處理好人際關係，這是必要的條件之一，尤其是外交官，若不會交際與圓通，必然不勝其任。

溫順平暢者

這種人說話速度慢，語氣平和，性格溫順，權利欲望平淡，與世無爭，易與人相處。但因為用意溫軟，而使自己長期處於一種膽小怕事的狀態，對外界人事採取逃避態度。如果他能遇到一個肯提攜他的人，從旁幫他一把，教導他磨練膽氣，知難而進，那麼，他就會成為一個能剛能柔的人物，會有一番大作為，令人刮目相看。

西晉時王湛在父親去世後，居喪三年，喪期滿，就居住在父親墳墓的旁邊。他的侄子王濟每次來祭掃祖墳，從不去看望叔父，叔父也不去見他。

偶然王濟來，也只不過說幾句客套話罷了。有一次，王濟試探性地隨便問了一些最近的事，王湛回答時措辭、音調都適當，音色溫順平暢，大出王濟意料之外，他不禁大吃一驚。他覺得叔父不再是從前那個膽小怕事、沒有主見、意志軟弱的人了。因此繼續和他談下去，愈來愈精闢入微。

在此之前，王濟對王湛全沒有一點子侄和長輩間應有的禮貌，自從聽了他的言談後，不覺心懷敬畏，外表也肅穆莊嚴。於是留下來日日夜夜地相互談論。王濟雖然才華出眾，性格豪爽，但在叔父面前，覺得慚愧弗如。有一次，王濟聽了叔父的談話後，不禁長長地嘆了一口氣，說：「家裡有名士，三十年來卻不知道！」晉武帝每次見到王濟，常常拿王湛當做取笑的笑柄，問他：「你家裡那位傻子叔父死了沒有？」王濟往往無辭言對。

這一回，對叔父有了認識，當武帝又像過去那樣問起時，便說：「臣叔並不傻。」接著，就如實地講了王湛的優點。武帝問：「可以和誰相比？」王濟說：「在山濤之下，魏舒之上。」經王濟這一番廣告宣傳，於是王湛的名聲一天天地大起來，二十八歲時他開始步入政界，終為人所知。

浮漂燥熱者

這種人易犯浮躁的毛病。他們做事情既無準備，又無計畫，只憑腦子一熱、興頭一來就動手去做。他們不是循序漸進地穩步向前，而是恨不得一鍬挖出一眼井。結果事與願違，欲速不達。

激蕩迴旋者

這種人有強烈的好奇心，有獨特的思維能力，敢於向傳統挑戰，敢於向權威說：「不」。他們對事業開拓性強，經常弄出些奇思妙想，令人讚嘆。他們在語言上的特點也與眾不同，異想天開，獨樹一幟。他們的缺點是不能冷靜思考，難以被世人理解，成為孤膽英雄。

說話聲音反映個性

平板、起伏不大的聲音，常給人「男性化、不修邊幅、冷淡、憂鬱」的印象。鼻音重的聲音，則給人「對社會不抱希望、言行舉止俗不可耐」的印象。由此可見，說話聲音也可反映出一個人的個性。

在一些誘拐、綁架等犯罪事件中，專業的聲音分析師們可藉助歹徒講電話時的聲音來預測歹徒的年齡、性別、職業等。

在日常生活中，藉助傾聽對方說話的聲音也可以大致判斷出對方的年齡。因此，聲音也是一種可以瞭解對方的重要媒介之一。

聲音的特徵和個性有關嗎？與其說「這種聲音是屬於這種個性」，還不如說「這種聲音的人，通常給人這種印象」來得恰當。

根據阿狄頓對聲音的研究，有以下幾個例子作為輔助說明。男性的聲音若是過於低沉，會給人「裝腔作勢、現實、八面玲瓏、幹練、適應力強」的感覺；若是女性，則會給人帶來「頭腦不好、懶惰、土氣、醜陋、身體差、愚笨、自卑」等負面的感覺。

相反的，明朗的聲音，不管是男性或女性，都會給人一種「幹練、自信、充滿朝氣、善於社交」等之類印象比較好的感覺。

分析說話的內容

沒有什麼比一個人喜歡說些什麼更能展現他的性格了。一個人喜歡由什麼樣的話題切入談話，絕對是與他的個人修養和個性特質有聯繫的。

談論自己的人

喜歡談論自己，包括經歷、個性等，一般來說，這樣的人性格大多比較外向，感情色彩鮮明而且強烈，主觀意識較濃厚，喜歡表現自己，多少有點虛榮。

不經常談論自己的人

不喜歡談論自己，包括經歷、個性，對外界一些事物的看法、態度和意見等，這種人的性格比較內向，感情色彩不鮮明也不強烈，主觀意識比較淡薄，不太愛表現自己，多少有一些自卑心理。另外，這種人可能有較深的城府。

單純地敘述事情的人

在敘述某一件事情的時候，只是單純地在 述，不加入過多的自我感情色彩，這種人比較客觀、理智，情感比較沉著和穩定，一般不會有過激行為。

過分描述細節的人

在敘述某一件事的時候，自我感情非常豐富，特別注意個別細節，這種人感情比較強烈，常常會一觸即發，屬於心直口快型的人。

習慣於邏輯推理的人

在說話時，習慣於進行因果和邏輯關係的推理，並給予一定的評價，這種人有很強的邏輯思維能力，比較客觀和注重實際，自信心和主觀意識比較強，常會將自己的思想觀點強加於人。

說話簡單準確到位的人

談話屬於概括型的，非常簡單又準確到位，注重結果而不太關心某個細節，這種人具有一定的管理和領導才能，獨立性較強。

關注局部甚於整體的人

談話非常注重過程中的某個具體細節問題，對局部的關注要多於對整體的關注，這一類型的人支配他人的欲望不是特別強烈，可能會順從於他人的領導，適合於做一些比較具體的工作。

談論內容多為生活瑣事的人

這種人屬於安樂型的人，比較注重享受生活的舒適和安逸。這種人往往也是很現實的人，比較注重實際。

經常談論國家大事的人

這種人的視野和目光比較開闊，而不是局限在某一個小圈子裡。他們關心國家大事，並且願意參與其中。這種人往往是不太注意細節的人。

喜歡暢想將來的人

這種人是愛幻想的人，有的能將幻想付諸行動，有的卻不能。前者注重計畫和發展，實實在在地去做，很可能會取得一番成就；但後者只是停留在口頭說說而已，最終多會一事無成。

在談話時比較注重自然現象的人

這種人的生活一定很有規律，為人處世也非常小心和謹慎。他們適合一些精細的工作，有風險的工作不太適合。

當面背後言辭一致的人

不願意對人指手畫腳，對人進行評論時當面與背後的言辭也多會基本保持一致的人，這種人是非常正直和真誠的，對人對事都能客觀公正地看待。

當面一套、背後一套的人

對他人的評價表面一套，背後一套，當面奉承表揚，背後謾詆毀，這種人極度虛偽，是最不值得交往的人。

談話中經常變換話題的人

在談話中總是把話題扯得很遠，或者不斷地轉變話題，這種人思想不夠集中，而且缺少必要的寬容、尊重、體諒和忍耐。

透過說話的態度

在社會中生存，人人免不了說話。一個人說什麼樣的話，怎樣說話，直接反映他的心理及個性，一個人說話的態度可以從某些方面表現出人的修養和個性。

在說話中善於使用恭敬用語的人

這種人多比較圓滑和世故，他們對他人有很好的洞察力，往往能夠體會到他人的心情，然後投其所好。這一類型的人隨機應變的適應性很強，性格彈性比較大，與絕大多數人都能夠保持良好的關係，在為人處世方面多能進退自如、左右逢源。

在說話中善於使用禮貌用語的人

這種人多有一定的學識和文化修養，能夠給予他人足夠的尊重和體諒，心胸比較開闊，有一定的包容力。

說話非常簡潔的人

這種人性格多豪爽、開朗、大方，行事相當乾脆和果斷，凡事說到做到，拿得起放得下，從來不猶猶豫豫、拖泥帶水，非常有魄力，開拓精神可嘉，有敢為天下先的膽量。

說話拖拖拉拉、廢話連篇的人

這種人大多比較軟弱，責任心不強，遇事易推脫逃避，膽子比較小，心胸也不夠開闊，婆婆媽媽整天在一些雞毛蒜皮的小事上糾纏不清。雖然對現實的狀況有諸多不滿，但缺乏開拓進取精神，不會去尋求改變，只是在等待。他們還特別容易嫉妒他人。

善於勸慰他人的人

這種人一般都多才、思維敏捷、健談，對人情世故有深刻而正確的理解和認識。感情豐富，易和他人產生共鳴。

善於奉承他人的人

這種人大多比較圓滑和世故，在處理各種事情時都顯得相當老練。他們相當精明，自己很少會有吃虧上當的時候。雖然表面上看來他們很容易向他人妥協，但實際上有自己的主張。他們多有一張非常實用的關係網。

總是不斷發牢騷的人

這種人多是好逸惡勞、貪圖享受的人。他們雖然想改變自己的處境，但卻只是安於現狀、坐享其成，而不去付諸行動。一遇到挫折和困難就逃避退縮，把原因都歸結到外界的因素上。

他們對他人的要求總是相當嚴格的，卻從不以同樣的標準要求自己。或自私自利，缺乏容人的氣度，很少設身處地地為別人著想，卻總期望得到更多的回報。

在談話中好為人師的人

這種人大多自我意識強烈，常常自以為是，目中無人，表現欲望強烈，希望自己能夠引起他人的注意，好賣弄。這種人大多心胸狹窄，無法容忍別人比自己過得好，嫉妒心很強，愛搬弄是非。

說話尖酸刻薄的人

這種人多不太尊重他人，也時常缺乏必要的禮貌，他們對人特別挑剔，似乎永遠也沒有滿意的時候，時常會遭到周圍人的厭惡，他們的人際關係並不好，而自己卻意識不到這一點。

說話鋒銳嚴厲，多有攻擊性的人

這種人在與人交往中，一旦發現誰有不對的地方，總是會毫不留情地指出來，甚至會讓對方顯得非常難堪。這種類型的人往往有比較強的洞察力，自己的思想又很獨特，所以看問題往往能一針見血，指出其本質所在，但他們有急於求成的毛病，時常會忽略一些比較重要的問題，捨本逐末，最終使自己陷入某種困境中而無法自拔。

說話剛毅堅強的人

這種人多是組織性、紀律性比較強，辦事堅持原則，是非善惡分明，能夠做到公正無私的人。可是這一類型的人大多比較固執，不善變通，做事總是不給人留下商量的餘地，所以在一定程度上會得罪一些人。但因為他們能夠做到公正、公平、公開，光明磊落，實事求是，還是會得到絕大多數人的支持和擁護。

說話圓通和緩的人

這種人待人多誠懇、熱情、寬厚、仁慈，具有一定的同情心和理解心，處世圓滑，不太容易受到他人的責怪。對於新的事物，雖然他們的接受能力有一定的限度，但會持理解的態度，心胸比較開朗和豁達。

說話溫順平靜的人

這種人大多性格溫和，淡泊名利，渴望過一種與世無爭的生活。他們很少與人發生利益上的衝突，所以大家相處起來比較容易，關係也不錯。在他人看來，這一類型的人總是顯得有些膽小怕事，其實不然，這是由他們恬淡的性格所致，由於不想把自己捲入到許多是非當中，所以會採取回避的態度，但若有人在旁指導，使他們加入到各種競爭當中，將自身的才華淋漓盡致地發揮出來，他們也會成為一個能剛能柔、能屈能伸的人，也能大有一番作為。

說話浮躁的人

這種人大多脾氣暴躁、易怒，他們做事常常欠缺周密的思考和完善的計畫，只憑著一時的情緒、興趣去行動，同時又缺乏耐性，不能循序漸進地穩步前進，而是急於求成，結果多是不盡如人意。

第七卷

以氣觀志，以色觀人——氣色鑑

面部如命，氣色如運

面部如命，氣色如運。大命固宜整齊，小運亦當亨泰。是故光焰不發，珠玉與瓦礫同觀；藻繪未揚，明光與布葛齊價。大者主一生禍福，小者亦三月吉凶。

如果說面部象徵並展現人的大命，那麼氣色則象徵並展現人的小運。大命是由先天生成的，但仍應該與後天遭遇保持均衡，小運也應該一直保持順利。

所以如果光輝不能煥發出來，即使是珍珠和寶玉，也和碎磚爛瓦沒有什麼兩樣；如果色彩不能呈現出來，即使是綾羅和錦繡，也和粗布糙麻沒有什麼區別。大命能夠決定一個人一生的禍福，小運能夠決定一個人一段時間的吉凶。

氣與色

「氣」與「色」是中國古代哲學特有的概念。

「氣」，指生命的原動力，或稱生命力。它無形無質、無色無味，在體內如血液一樣流動不息，氣旺者可外現，能為人所見。

而「色」，則是「氣」的外在表現形式之一。它是顯現於人體表面的東西，就人體而言，就是膚色。

中國醫學都認為，「氣」與「色」密不可分，「氣」為「色」之根，「色」為「氣」之苗，「色」表現著「氣」，「氣」決定著「色」。「氣」又分為兩種，一為先天所稟之「氣」，一為後天所養之「氣」，即孟子所說的「吾善養吾浩然之氣」。「氣」概如此，「色」自然也有先天所稟之「色」與後天所養之「色」的區別。古人把「氣」和「色」這兩個哲學概念拿來判斷人的優劣。「氣色」既有後天所養者，它們一定是不斷運動變化的，所以又有「行年氣色」之說。「生命在於運動」，也說明這個道理。

「命」是一種先天稟賦，或曰一種先天獲得表現宇宙運動變化的生命力。英國《宗教倫理百科全書》認為：「命是一種勢力，那是我們人為的能力所不能抵抗的。它是一種機械的、物質的、無意識的勢力。這種勢力能管理全世界，即便是人也在被管理之列。」這種力量不可抗拒，不以人的主觀意志為轉移。然而，由於它物質的、機械的特性，便是可以推度、預測。中國傳統文化認為，運，又稱「氣數」，即陰陽運行之變數。又稱「時會」，即在運動變化的宇宙狀態中不同的機遇或遭際，所以別稱「運氣」。因此，儘管「運」常常與「命」並稱為「命運」，然而細究起來，並非一回事。可以這樣理解：**命是先天稟賦，無法改變；運是後天造化，可以選擇和變化，但力量不全來自人的主觀意志。**

有一篇古文叫《扁鵲見蔡桓公》，是講扁鵲給蔡桓公看病的事。扁鵲是戰國時代著名的醫生，醫術高超，有起死回生的本領。據說他第一次看到蔡桓公時，告訴蔡桓公他縱情聲色，病在肌理，應及時治療，不能讓病情加重。蔡桓公卻覺得自己很有精神，沒有哪兒不舒服，認為自己沒病，以為扁鵲在嚇唬他，想用危言聳聽騙點錢花，但因考慮到扁鵲的名氣大，就客客氣氣送扁鵲走了。

過了十幾天，扁鵲又見到蔡桓公，告訴他病已入內臟，趕緊治療還來得及，否則後果難料。蔡桓公認為自己每天能吃能睡能泡妞，哪會有什麼疾病，仍是把扁鵲送走了。當扁鵲第三次見到蔡桓公時，距離還遠就轉身走了，也不與他打招呼。旁人很奇怪，問他為何。扁鵲說，蔡桓公病已入骨髓，就是病入膏肓的意思，已無藥可治了。數天之後，蔡桓公果然暴亡。

扁鵲三見蔡桓公，沒問情，沒把脈，卻知道他的病情輕重，這是中醫裡「望聞問切」四訣中的「望」。「望」的功夫可不是簡單的技巧，完全來自經驗的沉澱積累，外加天賦。他望什麼呢？就是望本章要講的「氣色」。

究竟是望氣，還是望色呢？以扁鵲的醫道功力來說，應當是都望。首先應該區分一下，這裡講到的「氣色」與「酒色財氣」中的「色、氣」不同。酒色財氣四種是人生大害，酒與財是具體的，一為穿腸毒物，一為惹禍根苗；色與氣則是無形的，但可以意會到，一為剮肉鋼刀，一為下山猛虎。色指美色，好色之人縱欲，因此元氣大傷，難以恢復。氣指意氣，受人所激，就意氣用事，而不考慮後果。

此處講的色，非色狼之色，而是一個人的面色；氣，非惹禍之氣，而是生命力的一種表現和稱謂。氣是道家修練的一個術語，氣功的氣。圍棋中也講「氣」，棋子如果無氣，意味著死亡；人如果無氣，也是歸於黃泉了。

古人認為，人稟氣而生，氣有清濁、昏明之分，人有壽夭、善惡、貧富、貴賤、智愚、尊卑之別，這些都可以從「氣」之上找到痕跡。氣旺，則生命力強旺，頭腦也易處於清醒狀態，處理問題正確率就高，失誤少。氣弱，則生命力衰微，精力不充沛，頭腦就會變得混沌不清，失誤就增多。這只是對氣的一種解釋，不能以點帶面。氣的衰旺，與人的沉靜浮躁也有關。氣旺盛的，以沉厚為佳，輕浮為不佳。氣衰弱的，本已不佳，但如果衰而能靜，也是壞中有好的事，難得。衰而浮躁，就無一可取了。以氣足能沉為最好，足而不沉為次，衰而能靜其三，衰而不靜則下矣。

人好靜好動，與氣沉氣浮相關，但不成正比，更多的是由性格決定。

觀色識人

「色」，指膚色，有白有黑，還與光澤相連。曾國藩認為：「誠仁，必有溫柔之色；誠勇，必有激奮之色；誠智，必有明達之色。」也就是說觀臉色，「色」是一個人情緒的表現，「色」愉者其情歡，「色」沮者其情悲。也有不動聲色之為，需從其他角度來鑑別他們的情緒狀態。

色的含義比較廣泛，是一個人氣質、個性、品格、學識、修養、閱歷等因素的綜合表現，與皮膚的顏色沒有直接的關係。一般來講，仁善厚道之人，有溫和柔順之色；勇敢頑強的人，有激奮亢厲剛毅之色；睿智慧哲之人，有明朗豁達之色。粗略地理解，色就是人的面部表情。

春秋時期，梁國只是一個小國，但梁惠王雄心勃勃，想有一番大的作為，因此頻頻召見天下高人名士，像孟子等都是他的座上嘉賓。

有人多次向梁惠王推薦淳於髡，因此，梁惠王接連召見他三次，每一次都屏退左右，以與他作傾心密談。但前兩次淳於髡都沉默不語，惹得梁惠王很難堪。事後梁惠王責問推薦人：「你說淳於髡有管仲、晏嬰的才能，哪是這樣！要不就是我在他眼中是一個不足與言的人。」

那人以此言問淳於髡，淳於髡笑笑，說：「確實如此，我也本想與梁惠王傾心交談。但在第一次，梁王臉有驅馳之色，想著奔跑一類的娛樂之事，所以我就沒說話。第一次，梁王有享樂之色，想著聲色一類的娛樂之事，所以我也沒有說話。」

那人將此話告訴梁惠王，梁惠王大吃一驚，嘆服淳於髡有聖人之明。據梁惠王自供，第一次與淳於髡相見，恰有人送上一匹駿馬，梁惠王躍躍欲試。第二次，恰有人獻上一組新曲和舞女，他急著想去聽。

後來安排了第三次見面，連談三晚，但淳於髡最終沒有接受梁惠王的相國之職。

這就是觀色識人的一個案例。

俗話說，知人知面不知心。況且人心總是變化著，也總會用假象來掩蓋真實，往往是真假難分，虛實莫辨，稍一疏忽，就會鑄成大錯。

夫差就是這樣。他本有雄才大略，不殺句踐，允許他投降，也算得上是仁義。但不幸的是，他遇到了一個更為強勁、也更為狡猾的敵手，而他又過於主觀，不聽別人的勸告，最後不但自己丟了命，吳國也跟著滅亡了。

在一開始，句踐的「功課」也確實做得很足。他對吳王百般依順，甚至在吳王生病時還要嘗他的糞便，表示對病情的關切。這些「糖衣炮彈」的確讓人難以抵擋。但放句踐回國後，吳王如果不放鬆警惕，句踐仍然難以有所作為。比方說，句踐臥薪嚐膽，發展國力，訓練軍隊，如果吳王稍加考察，或聽了伍相國的話，就會把這些消滅在萌芽之中，歷史也將會是另外的樣子。

吳王實在是太過自信了。他過於相信自己的感化力量，認為他真的會使一個戰敗的國君心悅誠服地歸順自己。他也過於相信自己軍隊的威力，認為小小的越國翻不了天，但結果天真的翻了，而且還是小小的越國弄翻的。

句踐做得實在是漂亮，在自然界也常有這樣的例子。有些動物在強大的敵手面前會裝死，騙了對手之後，趁其不備就逃之夭夭。但句踐這樣做的目的不是逃命，而是趁其不備，給對手致命的一擊。

這個教訓對於吳王來說確實太大，而且是不可挽回。吳王是在用自己的生命和亡國的代價告訴後人，瞭解別人——包括自己的朋友和敵人——是多麼的重要，不要主觀臆斷，更不要輕易受到假象和謊言的矇騙。

面色識病象

我們看一個人，通常要先看他的臉色，用專業一點的詞叫做面色。那從面色上可以看出什麼呢？中醫裡講，「望而知之謂之神」，從面色就可以看出一個人的病象。我們下面一一講解幾種病象。

第一種，面塵脫色：面塵脫色的「脫色」是什麼意思呢？脫色是指沒有顏色，臉色一點兒都不紅潤；也可說是沒有表情，也就是人如果血不足，那麼就會連表情都沒有了。古人曾說，大丈夫要「喜怒不形於色」，就是指一個人要能沉得住氣，不要表現出來。「喜怒形於色」在中醫裡講就是腎精不足之象。有些女孩子動不動一下子就臉紅了，這就叫喜怒形於色，也就是說馬上就讓人看出你的羞怯來，或你根本就藏不住這個臉色，這是沉不住氣的一種表現。而做大丈夫的就要做到讓人看不出你真實的面目表情。面塵脫色在中醫裡指的是肝病，是血虛不能上榮之象，就是血太虛了，導致臉上沒有了表情，同時面色慘白，甚至口唇都是慘白的顏色。

第二種，面如漆柴：這是腎病的表現。漆柴是什麼樣子呢？就像剛剛上過一層漆的柴火一樣。年長的人都知道，過去人老了家裡都要準備棺木，棺木是極講究的，要一層一層地打磨，然後再一層一層地上油漆，每年漆一次，最後上了十年或二十年油漆後，棺材的外觀非常之亮，叫做光可鑑人，這樣才算好棺木。也就是說，哪怕是黑，也必須是很有光澤才好。

在中醫裡，人的神就像蠟燭的光一樣，是可以表現出來的，人臉上的光澤就是神的外現。如果你的臉像髒兮兮的木頭上刷了一層黑油漆，既黑又暗，還很憔悴，沒有一點光澤，就是腎病的象。五行中，黑色為腎所主。

如果面紅，並且眼珠子黃，這是心包經的病。這樣的人有點喜笑不休。

還有一種叫面微有塵，體無膏澤。這種面相是什麼樣呢？就像人的臉上蒙上了一層塵土，身體一點兒都不滋潤了。這實際上是膽氣被鬱，膽經生不起來，精氣不能上榮到身體各個地方的象。

第三種，顏黑、衄衂：這是什麼病呢？顏黑屬於胃腎病，這樣的人整個前額都是黑的，前額為脾胃所主，前額黑是腎水上泛的象，也就是水反侮了土。如果前額黑，同時還出現衄衂，這是太陰脾不能統血。人的血應該是下行的，如果從上面的鼻子裡冒出來，就是脾不能正常揮統血的功能所致。

如果一喝酒特別容易臉紅，那這種人就屬於肝有病，為厥陰肝經收斂不住造成的病。要是喝酒全身紅，更是肝功能出了問題。這是很嚴重的問題，在現實生活中一定要注意。

此外還有「**肺熱色白而毛敗**」，就是人身體上的汗毛捲曲、不潤澤。「心熱色赤而絡脈溢」，就是臉上有紅血絲。「**肝熱色蒼而爪枯**」，爪枯就是指甲出現問題。凡是指甲中的病都是肝病。指甲上有豎稜是肝病，是肝氣被鬱的象；橫稜是肝病好轉的象。

「**脾熱色黃而肉蠕動**」，因為脾主肌肉，脾有病的人臉和眼皮的肌肉總會不自覺地抽搐，這都是脾中風之象。

「腎熱色黑而齒槁」，就是有腎病的人不僅臉黑，而且連牙齒也會乾燥、枯槁，容易碎。這些都在中醫古籍《黃帝內經・素問》〈痿論篇〉中提到過。

人以氣為主

人以氣為主，於內為精神，於外為氣色。有終身之氣色，「少淡、長明、壯豔、老素」是也。有一年之氣色，「春青、夏紅、秋黃、冬白」是也。有一月之氣色，「朔後森發，望後隱躍」是也。有一日之氣色，「早青、晝滿、晚停、暮靜」是也。

氣是一個人自身生存和發展的主要之神，在人體內部表現為人的精神，在人體表面表現為人的氣色。氣色有多種形態：其中有貫穿人一生的氣色，也就是俗話說的「少年時期氣色為淡，所謂的淡，就是氣稚色薄；青年時期氣色為明，所謂的明，就是氣勃色明；壯年時期氣色為豔，所謂的豔，就是氣豐色豔；老年時期氣色為素，所謂的素，就是氣實色樸」，就是這種氣色。

有貫穿一年的氣色，也就是俗話說的：

春季氣色為青色——木色、春色；

夏季氣色為紅色——火色、夏色；

秋季氣色為白色——金色、秋色；

冬季氣色為黑色——水色、冬色。

就是這種氣色。有貫穿一月的氣色，也就是俗話說的「每月初一日之後如枝葉盛發，十五日之後則若隱若現」，就是這種氣色。有貫穿一天的氣色，也就是俗話說的「早晨開始復酥，白天充盈飽滿，傍晚漸趨隱伏，夜間安寧平靜」，就是這種氣色。

人以氣為主，氣在內為精神，在外為氣色，把氣與色看作表裡性的一組概念。

「人以氣為主」，是說「氣」對人非常重要，處在主宰、根本的地位；「於內為精神，於外為氣色」，是說「氣」有內外兩種存在形式，內在形式是「精神」，外在形式為「氣色」。換句話說，觀察「氣」，既要觀察內在的「精神」，又要觀察外在的「氣色」。這兩句話實際上指出了觀察「氣」的門徑，也指明「精神」與「氣色」的實質。

曾國藩向來看重人生氣象，因此察人臉面，也非常注意臉面氣象——一種「胸懷浩大」的精神。胸襟開闊需涵養淡泊寧靜，表現出來便是平和空明。富有、顯貴、功績、聲名，這些都是人世間虛浮的榮譽，只有心胸博大才算是真正的享受。

觀察一個人的「氣」，可以發現他的沉浮靜躁，這是做大事的必備素質。

沉得住氣，臨危不亂，才能擔重任，做大事；浮躁不安，毛手毛腳，做事只能虎頭蛇尾、半途而廢。底氣足，做事精力集中，而且能持久；底氣虛，精神容易渙散，遇到困難就不了了之。要注意活潑與文靜不是沉浮躁靜，文靜的人也能動若脫兔，活潑的人也能靜若處子。而神浮氣躁的人，大剌剌，遇事糊塗，該小心謹慎的地方也大而化之，不能靜下心來仔細思考問題，遇事又慌張，稍有風吹草動就氣浮神驚，這樣的人能成什麼大事？

魏明帝曹睿臨死前，曹爽命手下執曹睿的手強行做了一份詔書。使自己得以主持朝政，當時，何晏、丁謐、鄧揚、李勝四人都有才氣，但為了能夠富貴就趨炎附勢。曹爽輔政後，視四人為心腹手足。四人替曹爽出謀劃策，剝奪了司馬懿的實權，所以被升為尚書、校尉等。四人勸曹爽伐蜀，結果大敗而歸，又讓曹爽專執朝政，修改制度，搞得朝廷上上下下、裡裡外外烏煙瘴氣。

何晏問前程於精通術數的管輅，管輅勸他說：「如今你位高權大勢重，卻離德背心，不是求福之道。如能扶貧益寡，以德行政，才能順應天意，否則恐遭天譴。」管輅的舅舅責備他說得太直白，管輅說：「與死人語，何所謂也！」後來曹爽被司馬懿奪權殺死，何晏四人被夷三族。有人問管輅事先如何知道的，他說：「鄧行步如鬼躁，何如魂不守舍，血不華色，精氣煙浮，容若槁木，此為鬼幽，故知其敗也。」

陳壽在《三國志》中記載，說何晏、夏侯玄、鄧揚三人想與傅嘏結交，傅嘏卻不買賬。有人問他為什麼，傅嘏說：「夏侯玄志大才疏，有虛名而無實才；何晏喜歡談古論今，但為人虛偽而無誠意，是以口舌亂國政的人；鄧揚有始無終，好虛名虛利，吹捧同類，排斥異己，妒忌心也重，我看這三個人都是亂德敗性之人，躲避還來不及，哪能與他們親近呢？」後來果然如此。

觀其氣而識其心

依靠觀察神氣來識人，這是除了依靠觀察性情德行之外的又一識人方法。神由心立，氣由性達。觀其神氣，即能察其心術，知其德性。道家主張「氣是神之本，神因氣而顯」。神能在氣中觀察到，氣能在神中觀察到。合神氣為神，合氣神為氣，兩者可以由一變為二，也可以由二歸為一。豁達與放蕩，節儉與吝嗇，謹慎與拘束，簡默與深險，倜儻與輕佻，慷慨與浮靡，坦白與獷野，鎮靜與空疏，忠厚與顢頇，粗明與刻薄，外表都極其相似，兩者之間實則南轅北轍。所以看人不如看神，看神不如看氣。

豁達的人氣博大，放蕩的人氣渙散；節儉的人氣固執，吝嗇的人氣緊縮；謹慎的人氣鎮定，拘束的人氣呆滯；簡默的人氣和順，深險的人氣沉澱；倜儻的人氣超然，輕佻的人氣薄弱；慷慨的人氣豪爽，浮靡的人氣流竄；坦白的人氣真質，獷野的人氣鄙陋；鎮靜的人氣凝固，空疏的人氣頑嚣；忠厚的人氣寬闊，顢頇的人氣遲鈍；精明的人氣清秀，刻薄的人氣緊促。用這些方法去識人、用人，與人相交，大概不會錯。

進一步說，有太和之氣的人，是聖人氣象；有忠貞之氣的人，是賢人氣象；有俠義之氣的人，是英雄氣象；有浩然之氣的人，是豪傑氣象；有純真之氣的人，是君子氣象；有嚴格之氣的人，是志士氣象；有陰陽之氣的人，是奸人氣象；有浮泛之氣的人，是小人氣象；有卑下之氣的人，是鄉愿氣象；有庸俗之氣的人，是凡夫氣象。氣象，顯示其神，在神上顯示的，即是其氣。觀其神氣，便可知其人品。這是百無一失的知人方法。

從一個人遇事時的臉色變化上，可以看出他的性格特徵及心理活動。觀察一個人的「氣」，可以發現他的沉浮靜躁。

戰國時期有一個故事，說明了觀「氣」識人心理的重要性和可行性。

齊桓公上朝與管仲商討伐衛的事，退朝後回後宮。衛姬一望見國君，立刻走下堂一再跪拜，替衛君請罪。桓公問她什麼緣故，她說：「妾看見君王進來時，步伐高邁、神氣豪強，有討伐他國的心志。看見妾後，臉色改變，一定是要討伐衛國。」

第二天桓公上朝，謙讓地引見管仲。管仲說：「君王取消伐衛的計畫了嗎？」桓公說：「仲公怎麼知道的？」管仲說：「君王上朝時，態度謙讓，語氣緩慢，看見微臣時面露慚愧，微臣因此知道。」

齊桓公與管仲商討伐莒，計畫尚未發布卻已舉國皆知。桓公覺得奇怪，就問管仲。管仲說：「國內必定有聖人。」桓公嘆息說：「哎！白天工作的役夫中，有位拿著木杵而向上看的，想必就是此人。」於是命令役夫再回來工作，而且不可找人頂替。

不久，東郭垂到來，管仲說：「一定是這個人了。」就命令儐者請他來晉見，分級站立。管仲說：「是你說我國要伐莒的嗎？」他回答：「是的。」管仲說：「我不曾說要伐莒，你為什麼說我國要伐莒呢？」他回答：「君子善於策謀，小人善於臆測，所以小民私自猜測。」管仲說：「我不曾說要伐莒，你從哪裡猜測的？」

他回答：「小民聽說君子有三種臉色：悠然喜樂，是享受音樂的臉色；憂愁清靜，是有喪事的臉色；生氣充沛，是將用兵的臉色。前些日子臣下望見君王站在臺上，生氣充沛，這就是將用兵的臉色。君王所說的都與莒有關，君王所指的是莒國的方位。小民猜測，尚未歸順的小諸侯唯有莒國，所以說這種話。」

由此可知，人的臉色能夠洩露天機。

人得「黃」色主貴

科名中人，以黃為主，此正色也。黃雲蓋頂，必掇大魁；黃翅入鬢，進身不遠；印堂黃色，富貴逼人；明堂素淨，明年及第。他如眼角霞鮮，決利小考；印堂垂紫，動獲小利；紅暈中分，定產佳兒；兩顴紅潤，骨肉發跡。由此推之，足見一斑矣。

對於追求科名的文人來說，面部氣色應該以黃色為主，因為黃色是正色，吉色。如果有一道黃色的彩雲覆蓋在頭頂，那麼可以肯定，必然會在科考殿試中一舉奪魁，高中狀元；如果兩顴部位各有一片黃色向外擴展，如兩隻翅膀直插雙鬢，那麼可以肯定，這位士子登科升官或封爵受祿已經為期不遠；如果印堂呈黃色，那麼可以肯定，這位士子很快就會獲得既能夠致富又能夠做官的機會；如果明堂部位即鼻子白潤而淨潔，那麼可以肯定，這位士子必能科考及第。其他面部氣色，如眼角即魚尾部位紅紫二色充盈，其狀似絢麗的雲霞，那麼可以肯定，這位童子參加小考，必然能夠順利考中；印堂有一片紫色發動，向上注入山根之間，那麼可以肯定，此人經常會獲得一些錢財之利；如果兩眼下方各有一片紅暈，而且被鼻梁居中分隔開來而互不連接，那麼可以肯定，此人定會喜得一個寶貝兒子；如果兩顴部位紅潤光澤，那麼可以肯定，此人的親人如父子、叔侄、兄弟等，必然能夠立功顯名並發家致富。由此推而廣之，足以窺見面部氣色與人命運的關係。

《冰鑑》是一部以論文人容貌為主的書。曾國藩以科舉得功名，又與當朝各種文士交往密切，即使在軍營之中，也多啟用文人帶兵。

文中所說的「科名中人」，用在現今的環境下，可以理解為擁有較高學歷的人，如學士、碩士、博士，而且畢業後在政界、文化界工作的人更合於此義。

在中國古代，黃色歷來被尊為正色。皇帝是九五之尊，他的衣物器具以黃色為主，而且一般大臣，不能著黃色衣袍。在五行中，黃色代表土，而在五行方位中，土是居中的，其他如金為西，火為南，水為北，木為東。

中國古代文明發源地是黃河流域，也以黃為主，土地能養生萬物，因此，黃色被尊為正色。

「科名中人，黃色為主」。科名中人，為皇家效力，自然以正色為吉色。這種黃色，雖與土色同，但須有光澤。如無光澤，則是氣不足之態，也難以為用。

古代科學考試，自隋唐建制以來，到明清時代愈加完善。曾國藩二十四歲進京赴考，二十六歲中舉，此後十年內連升十級，是清朝一代漢人少有的幸運者（清朝是不大重用漢人的）。

曾國藩本出生於湖南湘西的一個農民家庭，完全靠科舉奠定他一生功名的基礎，因而，他在論科名中人時，特別宣導文人正色。

科舉考試，殿試第一名稱大魁，也就是人們說的「狀元」。一個文人，如有「黃雲蓋頂」，可謂祥雲籠罩，不發才怪。黃色由天中、天庭而起，氣勢森然勃發，上達頂心，旁連鬢角邊地，一片光華燦爛。這樣的人，在殿試中必能取得很高名次，中狀元、榜眼、探花什麼的，因此說「必綴大魁」。

以上是黃氣貫頂之象。如果黃氣沒有這麼燦爛，只由兩顴而起，如鴻鵠展翅，直入雙鬢，有升騰之兆，但沒有上貫頭頂連成一片，較之「黃雲蓋頂」次一等，仍能「進身不遠」，也就是仍能搏取功名，但名次差一些。

「**印堂黃色，富貴逼人**」。人們常說某某人印堂發亮，聰明有為，定有好事臨身。曾國藩看人，如印堂有黃色燦爛，鮮潤奇目，則這人必定會取得富貴。與前面的「氣」旺相關。

「**明堂素爭，明年及第**」。明堂，就是一個人的鼻子，鼻是肺之竅，屬疾厄財帛宮，主人有無財富。明堂素淨，就是鼻白潤光潔，如果真這樣，考試中第只是時間遲早的問題。明堂素淨也有一個得令不得令的問題，以秋季為當令，否則，先憂後吉。

「**眼角鮮霞，決利小考**」。眼角魚尾紋處，如有紅紫二色豔如霞彩者，自然有吉慶之事。這種人智清神明，有利於縣試、州試。

「**印堂垂紫**」，兩眉之問紫氣流動。民間有「紫氣東來」主吉祥之說，那麼眉宇之間紫氣流動，自然也是吉兆，如再加上眼神清澄，氣朗如雲，則「動獲小利」，病者可以痊癒，訟者可以勝訴，謀職者可獲職位，求功名者可獲功名。但這種情況，難獲大利。

「**紅暈中分，定產佳兒**」，古代「不孝有三，無後為大」，因而有喜得貴子一說，以生兒為人生一大喜事。《冰鑑》考察人之氣色，如兩眼下有紅色如暈，由鼻分隔而左右互不相連，此為大旺，當產貴子。古人曾說，「火旺生男，木旺生女」即指此。

「兩顴紅潤，骨肉發跡」，親人之間有血緣關係，一人有事，親人能夠遙相感知，或在夢中有感應，這已不是奇事。如人之兩顴紅潤如霞，顯示他的親人如父子兄弟多有發跡之象。但紅色並不易辨，紅色深而為赤，則有凶災；紅色又不能帶枯色，枯則不吉。

面色忌青、白二色

色忌青，忌白。青常見於眼底，白常見於眉端。然亦不同：心事憂勞，青如凝墨；禍生不測，青如浮煙；酒色憊倦，白如臥羊；災晦催人，白如傅粉。又有青而帶紫，金形遇之而飛揚，白而有光，土庚相當亦富貴，又不在此論也。最不佳者：「太白夾日月，烏鳥集天庭，桃花散面頰，頞尾守地閣。」有一於此，前程退落，禍患再三矣。

面部氣色忌青色，也忌白色。青色一般出現在眼睛的下方，白色則經常出現在兩眉的眉梢。它們的具體情形又有差別。如果是由於心事憂煩困苦而呈青色，那麼這種青色多半既濃且厚，狀如凝墨；如果是由於遇到飛來的橫禍而面呈現青色，那麼這種青色一定輕重不均，狀如浮煙；如果是由於嗜酒好色導致疲憊倦怠而面呈白色，那麼這種白色一定勢如臥羊，不久即會消散；如果是由於遭遇了大災大難而面呈白色，那麼這種白色一定慘如枯骨，充滿死氣。還有青中帶紫之色，如果是金形人遇到這種氣色，一定能夠飛黃騰達；如果是白潤光澤之色，土形兼金形人面呈這種氣色，也會獲得富貴，這些都是特例，不在以上所論之列。而最為不佳的，則是以下四種氣色：「白色圍繞眼圈，此相主喪亂；黑氣聚集額頭，此相主參革；赤斑布滿兩頰，此相主刑獄；淺赤凝結地閣，此相主凶亡。」以上四相，如果僅具其一，就會前程倒退敗落，並且接連遭災遇禍。

鑑別人才，歷來著重在他的才能心智和品德，本質上是考察、尋求他的有用性。人才的健康狀況和個人命運雖然不是用人者所求的，許多用人者也沒有時間去關心這一點，但它對人才的才智發揮、事功的成敗有相關性，最好還是以能關心為宜。

身為主管，對屬下待以朋友般的關心（但不宜太過），既是做人的原則，也是崗位的一種責任，有利於上下齊心、內部團結。古人講兩人同心，其利斷金，也就是人才團結、力量倍增的道理。

中國人有士為知己者死的傳統，感恩戴德的精神至今沒變，雖然中西交流已改變了許多，但其精神本質和影響並未變化。

比如為朋友兩肋插刀，這樣的豪行壯舉如今多半是沒有了，但其固有的性情血氣沒變，像傾其所有資助朋友，為朋友忍痛割愛（包括兩人同處情場，一人慧劍斬情絲，斷然退出，其心苦楚，非親身經歷，有誰能解？）唯一的區別不再是血淋淋的義氣，但俠骨丹心、熱血衷腸是不變的，扶危濟貧、捨身取義的事情也時有發生。

由此來說，用人者在注意人才的能力品質之外，還應該在其他方面多留心。這一點是容易辨到的——觀察面部氣血，也可以稱為血氣。

前面講到面部的各種吉祥吉慶顏色，這裡著重討論不吉祥、顯示身體有病變的非健康色，以青、白兩色為主。

青色常見於眼底。不健康的青色，與春天草木新生的青色不同，是血液淤積阻滯、流通不暢形成的，即「鼻青臉腫」、「臉色發青」的青色，是一種紫黑色。遭重擊會形成青色，如眼部受打擊，長期疲勞工作，得不到休息，體內新陳代謝不暢，血液滯留，也形成青色。肌體發生病變，也會形成青色。這類青色都是提醒注意的警兆。

白色，不是金秋爽朗一樣明快的白色，而是沒有血氣、如枯骨白粉一樣的白色，是血氣虧損、不足的表現。枯骨白粉給人陰森恐怖的感覺，這樣的白色當然也不會是好的面色。白色常見於眉端。

青白兩色雖以不健康為主徵，但青白的變色又並非都表示身體狀況不好。心事憂勞，青如凝墨，禍生不測，青如浮煙，大家都能看出，連夜加班，沒有休息好的疲憊態。根據精神狀態不佳，還有一個根據就是在面部氣色上，兩眼微腫，眼袋發青發紫，眼中晶狀體布有血絲。如果因為心事憂勞，連續幾天不能好好休息，面部發青現象就會很嚴重，凝結如墨汁一般。青如凝墨，已是比較嚴重的徵象，應即時加以調理休息，否則會壓迫身體的混亂狀態，這樣出錯的機率會大增。司機疲勞駕駛易出車禍即是一個例證。

如果「青如浮煙」，氣色嫋嫋不定，而且沒有一點光澤，就屬死色，難以救助，不日就會有難測之禍。

當初扁鵲三見蔡桓公，剛開始還勸蔡桓公治療，最後一次見了，卻遠遠地逃脫開。原來他已看出蔡桓公不能救治之死相，因而也不再對頑固不化的蔡桓公說什麼了。

如果為「酒色」傷身，精神倦怠，眉端會常現白色，這是腎虛肺衰之兆，所以表現為白色，有「白如臥羊」之態。這種白色尚無大礙，休養幾天就可以復原。

但如果面部「白如枯骨白粉」，則就不可救藥。這種色為死色，一旦定形，表明其人腎內功能衰至極處，精力頹廢到迴光返照的程度，滅頂之災會接踵而至。

青白兩色有許多變化情形，還不能機械地一概而論。由於時間、地理緯度的變化，其吉凶的變化也會產生。

氣色發由於人體五腑六髒，暗合於五行之理，又由於天、地、時、經的陰陽變化和合，在觀人時，要注意這些變化帶來的若干差異，不能妄執一端、死鑽牛角。

尉遲恭是唐朝著名武將。貞觀年間，唐太宗李世民命畫師把二十四位功臣的畫像供奉在淩煙閣，尉遲恭排在第七位。

尉遲恭年輕時以打鐵為生，後來跟隨隋煬帝伐高麗，官至朝散大夫。馬邑鷹揚府校尉劉武周起兵反隋，於是他投奔了劉武周，當一名偏將，後來又歸順唐王。

歸唐後，尉遲恭忠心耿耿，南征北戰，隨李世民大破王世充，消滅竇建德和劉黑闥，破徐圓郎，為唐初的統一立下了汗馬功勞。

在玄武門事件中，尉遲恭也具有關鍵作用。他與侯君集等人多次勸說李世民早作決斷，消滅建成、元吉。

當時，房玄齡、杜如晦等大臣對雙方鬥爭持觀望態度，李世民派人召請他們遭到謝絕。李世民很生氣，解下佩刀給尉遲恭，再去召請。尉遲恭以武力威逼房玄齡等人歸附李世民，共行大計。

貞觀初年，突厥日益強盛，侵擾中原，尉遲恭奉命擊敗突厥。他把獲得的珍寶財物，全都送給士卒，因此全軍士氣大振，攻無不克。

人們都說李世民善於採納別人的意見，其實也不盡然。正確的說法是，他只是善於採納別人正確的意見，而並不是一個意見簍子，或一個好好先生，別人說些什麼，他就聽些什麼，不管對錯，一律照辦。那樣還是李世民嗎？

比如，大家都聰明地得出尉遲恭一定反叛的結論，要秦王李世民及早殺了他，以杜絕後患。但李世民沒有聽，反而大度地拿出大筆金銀作為路費，放他上路，另尋明主。

大度如此，還有什麼明主能比得上眼前的這位？於是尉遲恭打定主意，跟定了秦王。

果然，他的勇武和忠誠多次使身陷險境的李世民化險為夷，自己也成為淩煙閣的功臣，比起他當年的同伴和兄弟如李密、單雄信和王伯當，這個結果真可算得上是天壤之別了。

現在看來，當年說尉遲恭將會反叛的人也未必真錯，但李世民不砍他的頭也無疑是英明之舉。並不是李世民不相信他會反叛，而是看到了他體格健壯勇武，氣色如宏，是可用之才，當然也看出他是一條血性的漢子。

這樣的人有反心不可怕，也不必殺他的頭，對他相待以誠就可以消除他的反意，使他忠心為自己所用。李世民這樣做了，也得到豐厚的回報。這首先要歸功於他的眼力，其次要歸功於他的心胸。這一點，怕是李密之流難以做到的。

古學今用 156

識人術第一奇書

冰鑑

海鴿文化出版圖書有限公司
Seadove Publishing Company Ltd.

作者　曾國藩
編譯　盛琳
美術構成　騾賴耙工作室
封面設計　斐類設計工作室
發行人　羅清維
企畫執行　林義傑、張緯倫
責任行政　陳淑貞

出版　海鴿文化出版圖書有限公司
出版登記　行政院新聞局局版北市業字第780號
發行部　台北市信義區林口街54-4號1樓
電話　02-27273008
傳真　02-27270603
e - mail　seadove.book@msa.hinet.net

總經銷　創智文化有限公司
住址　新北市土城區忠承路89號6樓
電話　02-22683489
傳真　02-22696560
網址　www.booknews.com.tw

香港總經銷　和平圖書有限公司
住址　香港柴灣嘉業街12號百樂門大廈17樓
電話　（852）2804-6687
傳真　（852）2804-6409

出版日期　2022年10月01日　三版一刷
　　　　　2024年01月01日　三版五刷
定價　280元
郵政劃撥　18989626戶名：海鴿文化出版圖書有限公司

國家圖書館出版品預行編目資料

冰鑑：比面相學更準確的識人術／曾國藩著；盛琳譯解--
三版，--臺北市 ： 海鴿文化，2022.10
面 ；　公分. －－（古學今用；156）
ISBN 978-986-392-467-8（平裝）

1. 相書

293.2　　111014315